건방진 자신감

능력을 판매하라!

"설득력을 키우고 싶은가요? 이 책을 적극 추천합니다.
이 책은 의사소통의 효율을 높여 세일즈맨으로 성공하는 데
필요한 모든 분야를 제공합니다."

닐 간디(Neal Gandhi),
《다국적 기업론 Born Global》의 저자이며 기업 전문가, 투자자로 활동함

"…… 매우 유용하고 실용적이며 바로 활용이 가능한 가이드북입니다.
화려한 경력이 필요한 사업자라면 꼭 읽어볼 것을 권합니다.
더 나아가 성공적인 인생을 설계하는 데에도 큰 도움이 되는 책입니다.
지금 당신이 어느 단계에 있든 간에 이 책을 읽으면
분명히 한 단계 더 발전하게 될 것입니다.
부담 없이 재미있게 읽기 바랍니다."

로저 스키너(Roger Skinner),
앨리 파이낸셜 서비스 및 롬바드 그룹의 전(前) 전략 개발 담당자

"경쟁이 치열한 비즈니스 세계에서 한 발 앞서고자 하는
사람을 위한 필독서입니다.
분명 가슴이 뻥 뚫리는 시원함을 맛보게 될 것입니다."

줄리안 험프리(Julian Humphreys),
P2 퍼포먼스 대표

TOP 비즈니스맨이 되기 위한 10단계

건방진 자신감

능력을 판매하라!

애덤 리코보니와 대니엘 캘리건 지음 | 정윤미 옮김

비즈니스 세상

지은이 | 애덤 리코보니와 대니엘 캘리건 옮긴이 | 정윤미
펴낸이 | 이재은 펴낸 곳 | 비즈니스세상
편집 | 홍성민 디자인 | 홍미숙
마케팅 | 이주은, 이은경
주소 | 서울시 광진구 자양동 680-77 모던빌딩 2층
전화 | 02-446-0561 팩스 | 02-446-0569
E-mail | everybk@hanmail.net
Homepage | www.ieverybook.com www.세상모든책.kr
출판등록 | 1997.11.18. 제10-1151호
초판 1쇄 발행 | 2012년 3월 7일

 비즈니스세상은 세상모든책의 임프린트입니다.

잘못 만들어진 책은 바꾸어 드립니다.

Buy Me! : 10 Steps to Selling Yourself Every Time
By Adam Riccoboni and Daniel Callaghan
2011 ⓒ Michael O'Mara Books
KOREAN language edition ⓒ 2012 by Everybook In The world Publishing
Korean translation rights arranged with Michael O'Mara Books Limited, London,
England through EntersKorea Co., Ltd., Seoul, Korea.

취업 및 새로운 사업을 준비하는
젊은이들에게 이 책을 권합니다.

목차 Contents

감사의 말

이 책을 집필하는 데 큰 도움을 주고 직접적으로 기여한 3H 파트너스(3H Partners)에 감사드립니다. 또한 아래의 분들에게도 고마움을 전합니다.

- 다비데 솔라(Davide Sola) 박사 – ESCP(프랑스에 있는 국제 경영대학원) 전략 분야 조교수
- 제롬 꾸뛰리에(Jerome Couturier) 박사 – ESCP 전략 분야 조교수
- 크리스티나 라이쿠(Cristina Raicu) – '제 5장 : 감정 이입'에 도움을 주신 분
- 알리사 구사코바(Alisa Gusakova) – '제 9장 : 대중매체를 활용하라'에 도움을 주신 분
- 프란세스코 마세리(Francesco Maselli) – '제 10장 : 리더십'에 도움을 주신 분
- 산드로 쿠졸린(Sandro Cuzzolin) – '제 7장 : 최선을 다하라'에 도움을 주신 분
- 사우라브 마줌데르(Saurav Majumder) – '제 3장 : 이미지 관리'에 도움을 주신 분
- 알렉산드레 비그네론(Alexandre Vigneron) – '제 6장 : 꼭 지킬 수 있는 것만 약속하고, 약속한 것보다 더 많이 베풀어라'에 도움을 주신 분

MBA 앤 컴퍼니의 팀원들과 로미 파웨힌미(Romy Fawehinmi)에게도 고마움을 전합니다.

머리말

::

> **66** 모든 사람이 각자의 능력을 온전히 발휘할 수 있는
> 일을 찾는다면 우리의 눈이 의심될 정도로
> 놀라운 일과 마주치게 될 것이다. **99**

토머스 에디슨

가까운 서점에 가 보면 비즈니스와 자기 계발에 대한 책이 산더미처럼 쌓여 있다. 이런 책들은 '친구를 많이 사귀거나 영향력 있는 사람이 되는 방법', '자신감을 키우는 방법', '직원을 잘 다루는 방법', '돈을 많이 벌 수 있는 비결' 등을 알려준다. 요즘에는 '30일 MBA 코스', '10일 MBA 코스', 심지어 '80분 MBA 코스'라는 책도 있다고 한다. 게다가 내로라하는 경영 대학원에 10만 달러를 내면 1~2년 만에 MBA를 마칠 수도 있다.

이런 상황에서 《건방진 자신감》을 출판할 용기가 어디서 났는지 궁금할 것이다. 대답은 간단하다. 직장인이라면 자신의 능력을 판매할 수 있는 기술을 알아야 성공할 수 있다. (이 책을 읽는다고 해서 MBA 학위가 생기는 것은 아니지만) 상대방을 설득하거나, 자신감을 키우고, 직장 상사로 성공하며, 수입을 늘리는 비결은 확실히 알게 될 것이다.

자신의 능력을 판매하는 기술이 성공의 비결이다

자신의 능력을 판매하는 기술에 따라 인생의 전반적인 질이 달라질 수 있다. 이 기술 하나만으로도 비즈니스맨으로 살아가는 데 큰 문제가 없을 것이다. 모든 종류의 비즈니스에서 자신을 표현하는 능력은 매우 중요하다. 상대방의 마음을 얻는 것이 바로 당신의 역량을 발휘하는 첫걸음이 될 것이다.

우리 모두는 한번쯤 이렇게 자문해야 한다.

- 나를 만나는 사람들은 내게 잠재된 역량을 있는 그대로 알아보는가?
- 나는 직장이나 일터에서 나의 능력과 자질을 모두 쏟아 붓는 편인가?
- 나는 수동적으로 살고 있는가 아니면 능동적인 삶을 만들어가고 있는가?

자신의 능력을 판매하는 기술은 반드시 필요하다

직장 생활을 하다 보면 하루에도 몇 번씩 자신을 팔아야 할 일이 생긴다. 자기소개서를 쓰거나, 면접을 보기도 하고, 직장 동료에게 당신의 발상이 얼마나 멋진 것인지 납득시켜야 하고, 중요한 일을 맡겨 달라고 상사를 설득해야 한다. 그밖에도 외부 고객을 대하는 모든 상황에서 자신을 판매하는 기술이 요구된다. 다시 한 번 말하지만 사람들은 당신의 기업이나 상품, 서비스를 사는 것이 아니다. 그들은 당신을 보고 판단한 후에 구매 여부를 결정한다. 그러므로 자기 자신을 판매하는 기술은 새로운 고객을 얻거나, 부하 직원을 잘 관리하거나, 홍보나 광고를 성공적으로 수행하든지, 전략적 제휴를 성사시키는 데 꼭 필요한 기술이다.

기업가라면 무조건 갖추어야 할 기술이다

자신의 능력을 판매하는 기술을 배우지 않고는 기업가를 꿈꿀 수 없다. 대부분의 사람들이 기업가로 첫발을 내디딜 땐 가진 것이라곤 아이디어 하나밖에 없었을 것이다. 세상 사람들이 눈으로 확인할 수 있었던 것은 성공적인 기업가를 꿈꾸는 사람, 바로 당신뿐이다. 이런 상황에서 투자자를 찾으려면 자신의 능력을 판매하는 기술이 얼마나 중요하겠는가? 벤처 투자자든 엔젤 투자자든 당신의 아이디어보다는 당신이라는 사람에게 더 집중할 것이다. 즉 자신의 능력을 판매할 수 있는 기술에 따라 투자 여부가 결정되는 것이다.

최고경영자는 자신의 능력을 판매하기 위해 최선을 다한다

CEO는 대개 자신의 능력을 판매하는 일에 대해서는 전문가다. 그들의 역할은 기업의 수익을 늘리는 것이므로 자신의 가치, 목표, 비즈니스 전략을 판매하는 것이 곧 성공과 실패를 좌우한다. 이와 마찬가지로 정치가들도 정책 수립에만 몰두하는 것이 아니다. 그들도 자신을 판매할 수 있는 기술이 있어야 한다. 그렇지 않으면 유권자들의 마음을 얻을 수 없기 때문이다.

현대 사회의 정치가들은 국제 사회에서 자기 나라의 역량을 판매하는 역할까지 해야 한다. 예를 들면, 2010년에 영국 수상인 데이비드 캐머론(David Cameron)은 43명의 영국 기업가들을 대신하여, 자신이 직접 중국과 협상을 벌였다. 그는 40개의 거래를 성사시키겠다고 호언장담했지만, 프랑스 대통령인 니콜라 사르코지(Nicolas Sarkozy)가 124억 8천만 유로에 달하는 프랑스 상품을 중국에 수출하는 데 성공하자 영국 수상의 코는 납작해질 수밖에 없었다. 이밖에도 자신을 파는 기술로 두각을 나타내어 하나의 '브랜드'가 된 사람들이 있다. 애플이나 맥도날드와 같은 국제적인 대기업과 제니퍼 로페즈, 데이비드 베컴, 마돈나와 같은 유명 인사들이 바로 그들이다.

이 세상은 자신의 능력을 판매할 줄 아는 사람들이 만들어간다

경제란 상품이나 서비스가 거래되는 시장이다. 그러나 좋은 상품이나 우수한 서비스를 결정하는 객관적인 기준은 어디에서도 찾아볼 수 없다. 비즈니스 세계에서는 모든 것이 주관적이다. 다시 말해, 남들이 어떻게 생각하느냐에 따라 가치가 결정된다. 자신이 가치가 높은 사람이라는 이미지, 또는 자신이 파는 상품이나 서비스는 매우 좋은 것이라는 이미지를 고객에게 성공적으로 관철시키는 사람이 곧 비즈니스에 성공하는 세상이다. 그렇다고 뛰어난 지적 능력이나 특별한 재능이 반드시 필요한 것은 아니다. 비즈니스에 성공한 사람들도 알고 보면 여러 가지 약점을 갖고 있다. 예를 들면, 유명한 기업가인 리처드 브랜슨(Richard Branson, 영국의 대기업가)은 학교에서 낙제생이었으며 경찰에 체포된 적이 있을 정도의 문제아였다. 하지만 그는 지금 비즈니스 세계를 호령하는 대기업의 통솔자가 되었다. 어떻게 이런 변화가 일어났을까? 그것은 바로 어디에 내놔도 손색이 없을 정도로 자신의 능력을 판매하는 기술이 뛰어났기 때문이다.

자신의 능력을 판매하는 기술은 현대 사회에서 특히 중요하다

오늘날은 직업의 종류에 관계없이 자신을 홍보하는 데 익숙해야 살아남을 수 있는 세상이다. 1950년대에는 한번 취직하면 '평생 직장'으로 삼는 것이 일반적이었다. 하지만 이제는 취직한 뒤에도 마음을 놓을 수 없다. 일자리를 얻는 것도 중요하지만 언제라도 또 다른 새로운 일자리를 찾을 준비가 되어 있어야 한다. 현대인들은 살아가면서 매우 다양한 직업을 경험하므로 여러 기업을 대상으로 자신의 능력을 판매할 준비가 되어 있어야 한다. 또한 요즘의 기업들은 과거와 달리 근면성실한 직원에 만족하지 않으며, 저마다의 독특한 기업문화를 갖고 세계 곳곳으로 뻗어나가는 경우가 많다. 하루가 멀다 하고 새로운 기업이 등장하며, 그만큼 많은 기업들이 자취를 감춘다. 리먼 브라더스(Lehman Brothers)와 같은 대형 은행이나 울워스(Woolworths)와 같은 고급 브랜드도 하루아침에 문을 닫는 실정이다. 디지털 시대에 비즈니스 모델이 얼마나 빠른 속도로 변화하는지 보여주는 증거라 할 수 있다.

자신의 능력을 판매하는 기술의 효과는 의심할 필요가 없다

비즈니스 전문가로서 자신의 능력을 판매하는 기술의 중요성은 아무리 강조해도 지나치지 않다. 우리는 유럽 경영대학원(ESCP)과 이에세(IESE, 스페인에 있는 경영대학원)를 비롯하여 세계적으로 유명한 경영 대학원에서 수학했으며 실제로 연구나 강의에 참여한 경험도 많다. 유럽 경영대학원은 〈파이낸스 타임스 Finance Times〉가 선정한 세계 최고의 경영대학원이며, IESE는 〈이코노미스트 Economist〉가 선정한 유럽 1위, 전세계 5위의 경영대학원이다. 실전 경험도 결코 뒤처지지 않는다. 벤처 자본가들에게 수십만 파운드의 투자금을 지원받았으며 다양한 분야의 주요 기업에서도 러브콜을 받았다. 〈이코노미스트〉, 〈비즈니스위크 Business Week〉, 〈파이낸셜 타임스〉와 같은 주요 경제 일간지에서도 우리에 대한 기사를 보도한 적이 있다. 우리 회사는 사람들에게 자신의 능력을 판매하는 기술을 가르치는 데 주력하고 있다. MBA 학위가 있는 사람들도 우리 회사의 도움을 받아 세계적으로 유명한 기업과 협상을 벌여 다양한 일감을 얻는 데 성공했다. 앞으로는 하나의 기업에 전속되어 근무하는 사람들이 점차 줄어들 것이다. 새로운 대중매체를 기반으로 자신의 경력과 전문성을 앞세워 가장 높은 보수를 주는 기업에 자신의 능력을 판매하는 열띤 경쟁의 시대이기 때문이다. 자, 당신은 과연 어떻게 할 것인가? 온 세상이 떠들썩하도록 홍보에 열을 올릴 것인가? 기회만 생기면 자기 자랑을 늘어놓을 것인가? 자신의 경력(프로필)을 스팸 메일처럼 모든 기업에 보낼 것인가? 아니면, 광고판이라도 하나 빌려 대문짝만한 사진을 게재할 것인가? 하지만 이런 방법들은 별로 효과가 없을 것이다.

이 책에서 확실히 배우자

이 책은 자신의 능력을 판매하는 기술을 통해 인생에서 성공하는 방법을 알려줄 것이다. 또한 율리우스 카이사르에서 워렌 버핏에 이르기까지 세상 사람들의 부러움을 한몸에 받을 정도로 성공한 사람들의 비결도 알려줄 것이다. 경영대학원에서 가르치는 최근의 경영 이론과 전문가들의 알짜배기 조언도 담고 있다. 자신의 능력을 판매하는 과정 전체를 단계별로 나누어 알기 쉽게 설명하였으므로 누구나 쉽게 이해할 수 있다. 이 책을 다 읽으면 당신은 이렇게 달라질 것이다.

- 자신감이 커진다.
- 어려운 문제를 만나거나 실패를 겪어도 빨리 극복할 수 있다.
- 걱정이나 고민거리를 떨쳐버릴 수 있다.
- 사업에 필요한 인맥이 넓어진다.
- 과거에는 입 밖에도 꺼내기 어렵던 주제에 관하여 자유롭게 대화할 수 있다.
- 새로운 영역에 과감하게 발을 내딛게 된다.
- 사람들과 원만한 관계를 유지하며, 보다 설득력 있게 접근할 수 있다.
- 직장 생활에서 즐거움과 만족감을 느끼게 된다.

제 1장

::

자신감을 가져라

> 자신감이 있으면 원하는 것을 얻을 수 있다.
> 이것은 매일 반복되는 일상이다.
> 자신의 능력과 재능에 대하 확신과 의욕이 있으면
> 모든 일이 쉬워진다.

도널드 트럼프

자신감이 필요한 이유

PR의 첫 번째 단계는 자신감을 키우는 것이다. 다른 사람이 자신을 믿게 만들려면 먼저 본인부터 자신감을 가져야 한다.

미국 전(前) 대통령이었던 린든 B. 존슨(Lyndon B. Johnson)은 이렇게 말했다. "상대방이 믿고 일을 맡기게 만들려면 먼저 스스로 당당해져야 합니다. 사람의 마음을 여는 것은 바로 확신이니까요. 상대방을 설득할 땐 자신만만하고, 확신이 넘쳐야 합니다. 그렇지 않으면 당신의 말은 허공을 가르는 것과 같습니다. 상대방은 확신이 없다는 점을 금세 알아차리니까요."

1장에서 배울 점

다음과 같이 노력하면 자신감을 키울 수 있다

확신을 가져라

- 목표를 설정한다
- 자신의 재능을 찾아낸다
- 비즈니스 가치관을 설정한다
- 자신의 USP(unique selling point, 독특한 판매 제안)를 정한다

자신 있게 행동하라

- 긍정적인 몸짓언어(보디랭귀지)를 사용한다
- 상대방의 눈을 피하지 않는다
- 따뜻한 미소를 짓는다
- 적응하기 힘든 상황에서도 냉정을 잃지 않는다
- 좋은 일은 끊임없이 반복되는 법 – 자신감은 표현할수록 더 강해 진다

확신을 가져라

굳은 믿음을 대체할 만한 것은 아무것도 없다. 그리고 자신감만큼 사람을 매력적으로 만들어주는 것도 없다. 그런데 나를 제외한 대다수의 사람들이 자신감에 차 있다는 생각은 큰 착각이다. 사람은 누구나 자신감을 더 키우고 싶어 한다. 일반적으로 사람들은 상황에 따라 자신감을

느낄 때가 있고 그렇지 않을 때도 있다. 예를 들면, 비즈니스를 위한 프레젠테이션은 뚝딱 해내면서 파티에서는 수줍음을 타는 경우가 있다. 데이트 신청은 제법 잘하면서 구직 면접장에서는 긴장을 풀지 못하는 사람도 있다. 또한 자신감은 타고나는 것일 수도 있고 아닐 수도 있다. 어느 쪽이든 긍정적인 생각을 지니고 자신감을 키우려고 계속 노력해야 한다.

지금부터 자신감을 키우는 방법을 알아보자. 자신의 목표와 능력, 비즈니스에 성공하는 데 도움이 되는 소질 등을 잘 알아내 이를 토대로 자신만의 세일즈 효과를 창출하면 자신감을 키우는 데 큰 도움이 될 것이다.

목표를 설정한다

성공을 꿈꾸는가? 그렇다면 자신의 인생을 어느 방향으로 이끌 것인지 선택해야 한다. 어떤 목표나 야망이 인생의 목표가 될 수 있고, 자신이 그리는 인생의 전반적인 모습이 목표가 되어도 좋다. 목표는 흔히 자신의 재능과 관련 있기 때문이다. 예를 들어 동정심이 많고 자선 활동을 좋아하는 사람이라면 자원 봉사와 관련된 목표를 설정할 수 있다. 경쟁을 즐기고 도전 의식이 강한 사람은 투자 은행이 어울릴 것이다.

1. 눈을 감고 자신이 크게 성공했다고 상상해 보라. 10년 후에 자신이 어떤 모습으로 살고 있을지 그려보라. 남부럽지 않은 지위를 누리며 행복을 만끽하는 모습을 상상하면 된다.

2. 당신이 지금까지 이룬 업적에 대하여 사람들이 이야기하고 있다. 그중에서 어떤 이야기를 들을 때 마음이 가장 흡족할 것 같은가?

3. 당신이 그토록 행복한 이유는 무엇인가? 부를 얻었기 때문인가? 안정된 삶을 누리기 때문인가? 아니면 세상에 이름을 널리 알렸기 때문인가? 어쩌면 다른 사람을 돕는 데서 오는 만족감이 가장 큰 이유일지도 모른다.

4. 지금까지 거둔 성공과 업적을 되돌아보고 앞으로 어떤 목표를 향해 나아갈지 생각해 보라.

이것이 바로 당신의 목표이다. 이 책은 바로 그 목표를 이룰 수 있도록 도움을 줄 것이다.

자신의 재능을 찾아낸다

누구나 남들보다 뛰어난 장점이 있기 마련이다. 그것이 바로 당신의 재능이다.

펜과 종이를 준비한 다음 아래와 같이 목록을 작성해 보자.

1. 열여섯 살 때를 잠시 회상하라.

2. 그때 어떻게 살았는지 적어라(같이 살던 가족들, 그때 어울리던 친구들, 주로 가던 장소 등을 적는다).

3. 그때 어떤 목표를 세우고 달성했는가? 보잘것없는 일이라도 자신이

해낸 일이라면 모두 적어라.

4. 이제 열일곱 살이었던 시절로 돌아가서 2번과 3번 질문에 답하라. 이런 식으로 지금까지 매년 어떻게 살아왔는지 정리해 본다.

5. 가장 많은 일을 해낸 때가 몇 년도이며, 그때 어떤 재능이 도움이 되었는지 정리해 본다.

6. 그것이 바로 당신만의 재능이다. 자신의 재능을 최소 다섯 가지 이상 아래에 적어라.

나의 재능

1. _____

2. _____

3. _____

4. _____

5. _____

비즈니스 가치관을 설정한다

이제 목표를 설정했고 그 목표를 충분히 해낼 수 있다는 자신감도 생겼다. 지금부터 필요한 것은 몇 가지 규칙이다. 이것이 바로 자신의 비즈니스 가치관이다. 가치관은 자신의 인생에서 가장 중요하게 여기는 것으로 모든 행동의 기준이 된다. 아래에 나열된 낱말 중에서 자신에게 중요하다고 생각되는 것을 모두 골라보자.

개성	결단력	경건함	공감대 형성	공유	공정함	관대함
교육	권력	기발함	끈기	낙관주의	내구성	놀라움
다른 사람에게 인정받기		다양성	다재다능함		단순함	대범함
덕망	도전 정신	독립성	독창성	독특함	동정	명석함
모험심	민감성	믿음	발명	법규 준수	부(富)	부드러움
사랑	사려 깊음	상상력	상징	서로 돕는 것	설득력	성공
성취욕	소속감	손재주	신념	신뢰	신속성	신용	실리
알아서 판단함	여유로움	열정	영감	오락	완전무결	우수성
유머	의리	의지	이성	이타적인 태도	이해하고 깨닫는 힘	
인기	자기 신뢰	자기 억제	자선 봉사	자신감	장래 희망	
재미	재치	전문성	전통주의	정리정돈	정직	정확성
조화	존중	준비성	즉흥성	즐거움	지식	지적 사고
진실성	차별성	창의성	철저함	최고의 자리	충성	친근함
친절	칭찬 받기	큰 꿈	탁월함	통솔력	통일성	팀워크
평화	프로 정신	합리성	행복	확실성	흔들림이 없다	

위 목록에서 선택한 낱말 중에서 가장 중요하다고 생각하는 다섯 가지를 고른다.

자신의 USP(unique selling point, 독특한 판매 제안)를 정한다

자신의 재능과 비즈니스 가치관을 접목시키면 USP의 윤곽이 드러날 것이다. 이쯤에서 비즈니스의 성공에 도움이 되는 재능을 중심으로 목표를 이룰 방법을 계획하는 것이다.

자, 이제 학교나 직장에서 본인이 크게 두각을 드러낸 적이 있는지 생각해 보자. 개성이나 재능, 가치관 몇 가지를 정리하여 USP로 만들 수 있다. 예를 들면 아래와 같다.

- 나는 학창시절에 A 학점을 받았다. 공부를 좋아하고 한번 시작하면 끝까지 최선을 다하기 때문이다.
- 나는 남다른 조직력과 창의력을 발휘하여 직장에 새로운 시스템을 도입한 적이 있다.

1. _____

_____

2. _____

_____

3. _____

_____

4. _____

_____

5. _____

_____

표현을 좀 더 다듬어서 아래와 같이 일반화된 문장을 만들어 본다.

• 새로운 것을 배울 때 집중을 잘하며 평가에서 높은 점수를 받는다.

• 조직력이 뛰어나 새로운 업무 체계를 잘 확립한다.

아래와 같이 자신만의 USP를 다섯 가지로 정리해 본다.

나의 USP(독특한 판매 제안)

1. _____

   _____

2. _____

   _____

3. _____

   _____

4. _____

   _____

5. _____

   _____   _____

USP는 자부심을 가져도 될 만한 점이다. 자신의 실제 경험, 타고난 재능, 가치관 등에 기초한 것이기 때문이다. 제 3장 '이미지 관리'에서는 USP를 자기소개서에 어떻게 활용할 것인지 다룰 것이다. 또한 제 9장 '대중매체를 활용하라'에서는 링크드인닷컴(Linkedin.com)과 같은 웹사이트에 USP를 홍보하는 요령을 소개할 것이다.

자신 있게 행동하라

> ❝ 솔직히 이야기해 보자. 과연 어떤 사람이 부자가 되는 걸까? 부자가 된 사람들의 개성은 저마다 다르다. 그러나 한 가지 공통점은 분명히 있다. 그것은 바로 부자가 되고 말겠다는 끈기이다. 나는 그러한 끈기가 자신감에서 나온다고 생각한다. '나는 할 수 있다', '나는 부자가 되고 말겠다'라는 확고한 결심과 자신감이 바로 부자가 되는 비결이다. ❞
>
> – 펠릭스 데니스(Felix Dennis), 《부자 되는 법 How to Get Rich》, 2006년 –

성공을 하려면 먼저 자기 자신에 대한 믿음이 있어야 한다. 물론 자신감이 너무 넘쳐 거만해지면 역효과를 초래한다. 자기가 한 일을 떠벌리거나 의도적으로 이목을 끄는 행동은 눈살을 찌푸릴 뿐이다.

그러므로 자신감을 드러내되 주변 사람들에게 긍정적인 이미지를 남기도록 주의하는 것이 바람직하다.

긍정적인 몸짓언어(보디랭귀지)를 사용한다

연구 결과에 의하면 인간의 의사소통에서 비언어적 요소가 차지하는 비율이 무려 90%나 된다고 한다. 그러므로 대화를 할 때 몸짓이나 표정 등에도 주의를 기울여야 한다. 자기도 모르는 사이에 부정적인 몸짓을 사용하여 의사소통의 효과를 반감시키는 사람들이 있다. 예를 들면, 말을 할 때 고개를 숙이면 자신감이 부족해 보이고, 팔짱을 끼면 대화에 무관심하거나 상대방을 경계한다는 느낌을 줄 수 있다.

의자에 앉은 자세가 구부정하면 야무지지 못한 사람으로 보이고, 너무 편한 자세로 있으면 일에 대해 이야기할 기분이 아니라는 뜻으로 해석될 수도 있다.

상대방의 눈을 피하지 않는다

비언어적 요소 중에서 가장 중요한 것은 눈을 맞추는 것이다. 흔히 눈은 '마음의 창'이라고 부른다. 눈을 통해 자신의 의도나 감정을 전달할 수 있기 때문이다. 비즈니스 세계에서는 어떤 사람과 만나든 간에 처음 만나는 자리라면 시선 처리를 잘해야 한다.

대화를 할 때는 상대방의 시선을 피하지 않고 눈을 바라보는 것이 좋다. 여러 사람이 함께 이야기할 때는 한두 사람만 보지 말고 여러 사람과 시선을 충분히 교환한다. 상대방의 말을 들을 때에도 눈을 바라보면서 진지한 표정으로 듣는다. 이렇게 하면 속이거나 숨기는 것이 없고 상대방을 마음으로 존중하며 경청한다는 인상을 남길 수 있다.

따뜻한 미소를 짓는다

미소는 매우 단순하지만 라포(rapport, 인간관계)를 형성하기에 더할 나위 없이 효과적인 방법이다. 미시간 대학의 생물학 교수이자 동물심리학자인 제임스 V. 맥코넬(James V. McConnell) 교수는 잘 웃는 사람이 세일즈나 기업 관리, 강의 등에서도 좋은 성과를 얻는다는 연구 결과를 내놓았다. 미소의 힘이 얼마나 강한지 잘 알기에 많은 기업들이 텔레마케팅을 하는 직원들에게 미소를 지으라고 요구한다. 얼굴이 안 보여도 따뜻한 미소가 목소리를 통해 전달되기 때문이다. 뿐만 아니라 미소는 파급 효과가 있어서 상대방도 저절로 미소를 짓게 만든다. 따라서 미소를 지으면 상대방이 마음의 문을 쉽게 열고 새로운 아이디어나 제안을 받아들일 가능성이 커진다.

적응하기 힘든 상황에서도 냉정을 잃지 않는다

직장 생활을 하거나 비즈니스를 하다 보면 여러 가지 스트레스를 피할 수 없다. 그런 상황에서도 긍정적인 마인드를 잃지 않는 것이 중요하다. 특히 스트레스로 인하여 전전긍긍하는 모습을 보이면 직장 동료나 고객들은 당신이 무능하다고 생각할지 모른다. 사실 스트레스를 받아도 냉정을 유지할 수 있는 마음가짐은 비즈니스를 유연하게 이끌어 가는 원동력이 된다. 어려운 상황에서도 쉽게 동요하지 않고 침착하게 해결책을 모색하는 것 또한 리더의 능력이다.

좋은 일은 끊임없이 반복되는 법 – 자신감은 표현할수록 더 강해진다

심리학 전문가로서 코칭 활동을 주도하고 있는 롭 영(Rob Young) 박사는《자신감 : 원하는 것을 손에 넣는 기술 Confidence : The Art of Getting Whatever You Want》이라는 저서에서 자신 있게 행동하는 것과 자신만만한 태도의 관련성에 대해 다음과 같이 설명했다.

인간의 뇌는 자신의 행동이 곧 자신의 신념을 반영한 것이라고 믿는 경향이 있다. 당당하게 행동하면 뇌는 자연스럽게 본인이 자신감에 넘치는 사람이라는 생각을 강화한다. 심리학자들은 이를 '회귀적 합리성(retrospective rationality)' 이라고 한다.

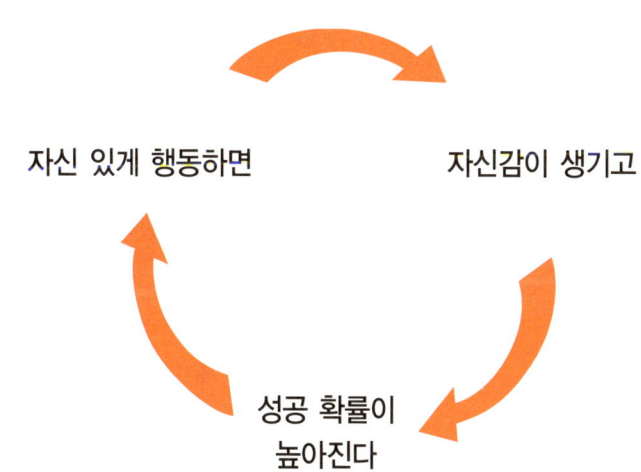

사례 연구 ::
도널드 트럼프(Donald Trump)의 확신과 자신감

도널드 트럼프가 걸어온 길을 보면 확신과 자신감이 비즈니스 세계에서 스스로를 자리매김하는 데 얼마나 중요한지 알 수 있다. 그는 펜실베이니아 와튼 스쿨을 졸업한 후에 아버지의 사업을 도우려고 퀸스와 브루클린 지역을 중심으로 아파트 건설업에 뛰어들었다. 그의 활동 무대는 뉴욕에서도 가장 부유하고 화려한 맨해튼이었다. 안정된 직장과 넉넉한 보수가 보장되었지만 그의 마음은 뭔가 허전했다. 더 크게 성공하여 유능한 사업가로 인정받고 싶은 마음이 강했다.

"저는 남들보다 생각의 폭이 넓습니다. 어릴 때부터 그랬어요. 하지만 대단한 일은 아닙니다. 알고 보면 매우 간단합니다. 여러분도 앞일을 구상할 때 이왕이면 넓고 크게 생각하세요.
대부분의 사람들은 성공에 대한 기대를 가지고 있지만, '실패하면 어떻게 할까?'라는 두려움이 앞서고는 합니다. 주변 사람들이 그렇게 생각할수록 저는 상대적으로 유리한 입장에 서게 됩니다."

– 도널드 트럼프 《협상의 기술》

크게 생각하라

트럼프는 맨해튼의 조그만 아파트로 거처를 옮긴 다음 부동산 개발 기회를 찾기 시작했다. 그러다가 우범 지대로 알려진 어느 허름한 공터를 찾아냈다. 당시 뉴욕시의 경제 상황은 절망적이었다. 발행 채권이 부도에 처하여 재정 상황이 몹시 어려웠기 때문이다. 부동산 가격은 계속 하락세를 보였고 뉴욕시가 곧 파산할 것이라는 소문도 돌았다.

도널드 트럼프는 자신이 발견한 공터의 소유주인 펜 센트럴(Penn Central)이라는 회사를 찾아갔다. 27세에 불과했지만 그는 인간적으로나 사업 계획으로나 회사 측 임원들을 완전히 사로잡았다. 그는 계약금을 단 한 푼도 걸지 않고 6,200만 달러에 공터 두 곳의 계약을 체결하는 데 성공한다.

이제 남은 일은 매입한 공터를 제대로 개발하는 것이었다. 그는 주립 컨벤션 센터를 이곳으로 옮길 수 있게 하겠다고 결심했다. 그는 평소대로 하면 된다는 자신감 하나로 본격적인 홍보 활동을 시작했다. 자신이 매입한 공터에 컨벤션 센터를 옮기면 좋은 점과 다른 곳으로 옮길 때 불리한 점을 적극적으로 알리기 시작한 것이다. 특히 정계 핵심 인사들을 찾아다니며 컨벤션 센터를 자신의 부지로 옮기면 시의 재정에도 크게 도움이 될 것이라고 설득했다. 결국 그의 노력이 결실을 맺어 컨벤션 센터가 도널드 트럼프의 부지로 옮겨왔고 80만 달러 이상의 수익을 이끌어낼 수 있었다.

더 크게 생각하다

트럼프는 곧이어 더 큰 거래를 해보기로 마음먹었다. 때마침 펜 센
트럴에서 코모도어(Commodore)라는 대형 호텔 인수를 제안했다. 그
호텔은 재정이 거의 바닥나서 곧 문을 닫을 형편이었다. 27세의 젊은
사업가였던 트럼프는 객실 1,400개, 총 면적 15만 평 이상의 대형 호
텔을 인수하기로 결정했다. 당시 그의 머릿속에는 다음과 같은 세 가
지 계획이 있었다.

- 전문 경영인을 구한다.
- 시(市)에서 세금 감면 혜택을 받는다.
- 투자자를 찾는다.

전문 경영인을 만나야겠다는 생각이 들자마자 초대형 호텔 체인인
하얏트(Hyatt) 경영진을 찾아갔다. 그는 하얏트 대표 제이 프리츠커
(Jay Pritzker)를 설득하여 자신이 호텔 안팎을 정비하면 하얏트 호텔
이 실제 경영을 맡겠다는 약속을 받아냈다. 그 다음엔 대중매체를 총
동원하여 오랜 기간 동안 캠페인에 나섰다. 그 결과 뉴욕시로부터 40
년간 세금을 감면해 주겠다는 약속을 받아 수천만 달러에 달하는 비
용을 절약했다. 그는 투자자를 찾는 일에도 적잖은 노력을 기울였다.
찾아간 은행마다 퇴짜를 맞았지만 결국에는 에퀴터블 라이프 보험사

(Equitable Life Assurance Society)에서 3,500만 달러, 바워리 은행 (Bowery Savings Bank)에서 4,500만 달러의 투자를 받는 데 성공했다. 곧이어 그는 호텔 외관을 화려하게 장식했다. 건물 외부는 반사유리로 바꾸었고, 로비 내부는 갈색 파라디소 대리석으로 고급스러움을 더했다. 그런 다음에 그랜드 하얏트(Grand Hyatt)라고 이름을 바꾸어 문을 열었더니 놀랍게도 연간 수익이 자그마치 3,000만 달러를 기록했다.

타워를 건설하다

도널드 트럼프이 도전은 하얏트 호텔에서 멈추지 않았다. 그는 한 걸음 더 나아가 트럼프 타워(Trump Tower)를 구상하기 시작했다. 이것은 뉴욕시에서 가장 높은 주거용 빌딩이었다. 그로부터 몇 년 동안 도널드 트럼프는 애틀랜틱시티에 있는 유명한 카지노를 인수하는 등 유흥 관련 분야로 사업을 확장했다. 1990년대에 몇 차례 재정적 어려움을 겪었으나 2001년에 큰 성공을 거두었고, 마침내 맨해튼 한복판에 자신의 이름을 딴 트럼프 월드 타워(Trump World Tower) 공사를 시작할 수 있었다.

현재 도널드 트럼프는 맨해튼의 중심 지역에 수십만 평의 토지를 보유하고 있다. 언론계에서도 큰 인기를 얻어서 최근에는 어페런티스 (The Apprentice)를 본뜬 미국의 리얼리티 프로그램(사업가로 성공하려는 젊은이들이 트럼프의 기업에서 일할 기회를 두고 경쟁하는 리얼리티 쇼)에도 출연하고 있다. 도널드 트럼프는 이제 더 이상 개인의 이름이 아니라 뉴욕시 전체의 희망이자 성공의 또 다른 표현으로 통하고 있다.

뉴욕시에 자신의 이름을 내건 초고층 빌딩을 세운 것은 참으로 대단한 일이다. 트럼프 타워를 보면 확신과 자신감이 성공을 거머쥐는데 얼마나 중요한지 이해할 수 있다.

✔ 요점 정리

제 1장에서는 자신의 재능, 목표, USP를 찾고 확신과 자신감을 키우는 일이 얼마나 중요한 것인지를 배웠다. 자신이 원하고 꿈꾸는 것을 분명히 정하고, 그 목표를 이룰 방법을 찾는 것이 성공의 유일한 비결이다. 또 한 가지 중요한 점이 있다면, 다른 사람들을 대할 때 긍정적인 태도를 유지하고, 항상 자신감 있는 모습을 보여주어야 한다. 그러면 성공으로 가는 첫걸음은 제대로 내디딘 것이다. 다시 한 번 강조하지만, 자기 자신에 대한 확신과 자신감은 성공의 필수 조건이다.

제 2장

::

철저한 준비

> **"** 실수를 되풀이하지 않는 이상,
> 살면서 제대로 해야 할 일은
> 사실 몇 가지에 불과하다. **"**
>
> 워렌 버핏

철저한 준비가 필요한 이유

비즈니스에서 준비 없이 성공하는 일은 불가능하다. 미국 출신의 유명 카레이서 바비 안서(Bobby Unser)의 말을 빌리면 "성공이란 준비와 기회가 만날 때 이루어지는 것"이다. 준비가 안 된 사람이라는 말은 비즈니스맨에게 가장 치명적이다. 반대로 준비를 철저히 하면 여러모로 이로운 점이 많다. 상황을 보다 깊이 이해하고 지혜롭게 대처할 수 있으므로 다른 사람들에게 굉장히 유능하게 보이며 두터운 신뢰를 얻게 된다.

2장에서 배울 점

준비 작업은 아래와 같이 두 단계로 나뉜다

세일즈 준비 단계

- 시장을 분석한다
- 기업 조사를 실시한다
- 말할 내용을 미리 연습한다
- 경험을 들려준다
- 가치제안(value proposition)을 만든다
- 엘리베이터 피치(elevator pitch)를 연습한다

본격적인 세일즈 단계

- 라포를 형성한다
- 고위급 임원에게 접근한다
- 인맥을 최대한 활용한다
- 자료를 수집한다
- 세일즈 콜(sales call)을 준비할 때 유의할 점을 파악한다
- 이메일 작성 시 유의할 점을 파악한다
- 회의 준비
- 후속 조치
- 최대한 많은 사람에게 접근한다
- 고객 관리 시스템(CRM)을 활용한다

세일즈 준비 단계

준비를 게을리 해서 낭패를 본 경험은 누구나 한번쯤 해 보았을 것이다. 나도 그런 경험이 있다. 일을 시작한 지 얼마 되지 않았을 때 FTSE 선정 50대 기업에 속하는 어느 회사의 인사 담당자를 만나게 된 것이다. 우리는 고객이 원하는 프로젝트를 맡길 만한 우수한 팀을 소개해 주었다. 그런데 담당자와 만나기 전에 이메일로 미리 받은 질문에 대하여 제대로 조사가 되지 않은 상태였다. 게다가 프레젠테이션 자료마저 몇 가지가 빠져 있었다. 그렇지만 전반적인 분위기는 화기애애했다. 상대방은 연신 웃는 얼굴로 우리의 이야기를 들어주었고, 곧 연락하겠다는 말을 남기고 돌아갔다. 그래서 우리는 계약을 따 놓은 당상이라고 굳게 믿었다.

그런데 일주일 후에 계약을 하지 않겠다는 이메일이 왔다. 깜짝 놀란 우리는 전화를 걸어 어떻게 된 영문인지 물어보았다. 완벽하게 준비되지 않은 프레젠테이션과 이메일의 질문에 답변하지 않은 것을 용납할 수 없다는 대답이 돌아왔다. 상대방은 무뚝뚝한 목소리로 우리가 제안한 거래 조건이 아니라 불성실한 태도가 마음에 들지 않았다고 했다.

그 순간 우리는 너무 창피하여 쥐구멍이라도 들어가고 싶었다. 그렇지만 지금 생각해보면 그렇게 솔직한 피드백을 받았기에 정신을 차릴 수 있었다. 그 사건은 철저한 준비가 얼마나 중요한지 똑똑히 가르쳐 주었다. 그 후로 우리는 모든 비즈니스 거래를 철저하게 준비했으며 덕분에 지금의 모습으로 성장할 수 있었다.

> ❜사업을 처음 시작할 때 내가 관심 있는 거래와 조금이라도 관련된 것은 철저히 조사했습니다. 지금도 그렇고요. 사람들은 내가 굉장히 빨리 판단하고 행동한다고 말합니다. 그렇지만 그렇게 할 수 있는 이유는 이미 사전 조사를 마쳤기 때문입니다. 사전 조사는 사람들의 눈에 띄지 않거든요. 저는 언제나 모든 준비가 되어 있습니다. 그래서 적절한 시기가 되면 망설임 없이 최선을 다할 수 있는 것입니다.❜
>
> – 도널드 트럼프(Donald Trump), 〈트럼프 대학교 부동산 입문 강좌〉, 2006년 –

시장을 분석한다

준비의 첫 단계는 자신의 활동무대가 될 시장을 분명히 파악하는 것이다. 그래야 어느 기업이 가장 이상적인 고객이며, 기업 내의 어느 임원을 찾아서 거래하는 것이 바람직한지 가늠할 수 있다.

시장 조사를 할 때는 아래의 요소를 반드시 파악해야 한다.

- 해당 분야의 전체적인 상황 – 이 분야는 성장 추세인가 아니면 사양 길을 걷고 있는가? 이 분야의 기업들이 공통적으로 안고 있는 문제점이나 어려움은 무엇인가?
- 주요 기업 – 이 분야에서 두각을 드러내는 기업이나 단체는 어디인가?
- 나의 비즈니스와 가장 잘 맞는 부문은 무엇인가? – (금융, 법률, 기술

등) 여러 가지 부문 중에서 나의 비즈니스와 가장 어울리는 것은 무엇인가?

• 어느 부서의 임원을 공략할 것인가? - 인사, 마케팅 등 여러 부서 중에서 어디를 공략할 것인가?

아래의 3단계를 실시하면 효과적으로 시장을 분석할 수 있다.

1. **기본 조사를 실시한다** - 인터넷을 검색하거나 관련 서적 및 잡지를 열심히 읽어 특정 주제에 관한 모든 자료를 수집한다. 그러면 '가설'이라고 할 만한 아이디어 몇 가지를 얻을 수 있다.

2. **관계자를 만나 가설을 검증한다** - 관계자를 만나서 기본 조사에서 알게 된 가설을 확인한다. 자신이 정리한 가설을 설명해 주고 그들의 의견이나 피드백을 구한다.

3. **결론을 도출한다** - 1단계의 가설을 2단계에서 수정, 보완하여 최종 결론을 내린다.

이제 시장 전반에 대한 조사가 끝났으므로 고객들에게 보다 유용한 정보를 제공하고 설득력 있게 거래를 제안할 수 있다.

기업에 대한 조사를 실시한다

전화나 이메일을 보내거나 직접 찾아가기 전에 인터넷으로 해당 기업 에 대해 알아본다. 이때 아래의 사항은 반드시 확인한다.

- 기업의 웹사이트 - 기업의 연혁, 목표, 사업 철학, 주요 사업 분야 또 는 브랜드
- 서비스 - 주요 비즈니스 및 특징
- 연간 회계 자료 - 기업 전략이나 향후 계획을 추측하는 데 도움이 된다.
- 경쟁사 - 고객이 될 기업의 주요 관심분야를 이해하는 데 도움이 된 다. 경쟁사의 움직임은 기업의 전략이나 시장 점유율 관리에 직접적

인 영향을 준다.

- 임원 – 임원 전체가 아니라 개별적으로 조사한다. 인터넷 검색 엔진을 활용할 수도 있다. 링크드인의 프로필이나 기업 관련 뉴스에도 유용한 자료가 많다. 임원단의 개인적 배경을 알고 있으면 보다 효과적으로 라포를 형성하거나 인맥을 구축할 수 있다.

말할 내용을 미리 연습한다

앞에 기업 관계자가 있다고 생각하고 프레젠테이션을 연습한다. 미리 조사한 자료 중에서 라포 형성에 도움이 될 만한 것을 찾아본다. 예를 들어 상대할 기업의 경쟁사에 근무한 경험을 이야기하거나 우연히 고향이 똑같다는 점을 언급할 수 있다. 또한 상대방이 맡은 업무나 직책 때문에 느꼈던 어려움을 감정이입으로 표현할 수 있다.

- 상무이사 – 수익 개선, 핵심 사업의 점유율 개선, 새로운 분야 개척, 주주의 기대에 부응하는 일 등
- 마케팅 담당자 – 수익 개선, 비용 효율적인 광고, 캠페인의 파급 효과 측정
- 인사 담당자 – 훌륭한 인재를 모집, 선발하며 경쟁사로 유출되는 것을 막는 방법, 효과적인 채용 절차 개발, 법적 논쟁에 대처하는 방법 등

경험담을 들려준다

개인적 경험과 조사 자료를 상대 기업에 맞게 활용한다. 가장 중요한 것은 특정 분야에서 쌓아 온 경험이다. 따라서 자신의 경험 중에서 효과적인 것, 성공적이었던 것을 공개할 수 있다. 경험담을 들려줄 때는 다음과 같이 체계적으로 정리하면 설득력을 높일 수 있다.

- 안건 – 문제가 된 상황이나 그와 관련된 논쟁거리
- 방법 – 해결한 방식이나 방법
- 결과 – 비즈니스에 미친 긍정적인 결과

가치제안(value proposition)을 만든다

가치제안은 비즈니스에서 매우 중요하며 자주 거론되는 용어이다. 이것은 자신이 비즈니스를 처리하는 방식을 간략히 소개한 것이다. 가치제안을 작성할 때에는 고객에게 약속할 수 있는 결과나 혜택을 구체적이고 객관적인 표현으로 설명해야 한다. 가치란 수익이나 혜택을 비용으로 나눈 것이므로, 가치제안에는 수익과 혜택 및 그에 관련된 비용을 각각 한눈에 알아볼 수 있게 정리해야 한다.

엘리베이터 피치(elevator pitch)를 연습한다

사전 준비가 되어 있으면 많은 정보를 얻을 수 있다. 그러나 상대방이 준비된 정보에 관심을 보이지 않을 수도 있다. 당신이 하는 말이라면 무엇이든 귀를 기울여줄 것이라고 생각하면 착각이다. 흔히 사람들은 자기 일 외에는 큰 관심을 보이지 않는다. 그러므로 아주 짧은 시간 내에 상대방에게 간추린 내용을 전달할 수 있도록 준비해야 한다. 이런 것이 엘리베이터 피치이다. 우연히 엘리베이터에서 CEO를 만났을 때를 가정하고 짧은 시간 내에 CEO를 설득하는 요령이다.

본격적인 세일즈 단계

라포를 형성한다

　상대방은 이성적인 판단을 통해 당신과 손을 잡을 수 있고, 그밖의 이유로 마음의 문을 열 수도 있다. 물론 비즈니스와 관련된 주제로 상대방을 설득하는 것이 가장 중요하다. 그러나 라포를 충분히 형성했는가에 따라 상대방의 반응이 달라질 수 있다. 당신에게 호감을 보였는가? 친절하고 예의 바르게 행동했는가? 당신을 만난 후 기분 전환이 되었을까? 아니면 하루 종일 불쾌할까? 상대방은 당신을 또 만나기 바랄까? 이런 질문들은 이성적인 판단과는 거리가 멀다. 그러나 예의를 지키고 상대방을 존중하며, 가능한 좋은 느낌을 얻어내기 위하여 노력할수록 분명히 더 유리한 위치에 설 수 있다.

고위급 임원에게 접근한다

  기업의 최고 경영진을 귀찮게 하는 것은 가급적 삼가야 한다고 생각할지 모른다. 물론 최고 경영진은 비즈니스의 대가들이며 지나치게 바쁜 탓에 쉽게 시간을 내지 못한다. 그래서 중간급 임원을 찾아가는 것이 당연하게 보일지 모른다. 하지만 가능하면 고위급 임원을 만나야 훨씬 유리한 결과를 얻을 수 있다. 일단 CEO나 경영 책임자를 만나려고 시도해 보고 거절당하면 그보다 직급이 낮은 임원에게 연락해 본다. 운이 좋으면 CEO를 바로 만나게 될 것이고, 그렇지 않으면 CEO가 지명한 다른 사람이 당신을 만날 것이다. 그렇다 하더라도 CEO의 지시를 받아서 당신을 만나는 것이므로 아무래도 좀 더 신경을 써줄 것으로 예상할 수 있다.

인맥을 최대한 활용한다

  친구, 친인척, 평소에 알고 지내던 사람들은 물론이고 가족들의 인맥까지 모두 동원한다. 그중 누군가는 분명히 실질적인 도움을 줄 수 있을 것이다. 이들은 당신을 객관적으로 파악할 수 있으므로 라포를 형성하기가 쉽다. 그래서 당신의 말에 쉽게 공감하며 제삼자도 그렇게 공감하도록 지원할 수 있다. 아래와 같은 사람들은 모두 고려 대상에 포함해야 한다.

- 친구들
- 친구의 친구들

- 가족
- 가족의 친구들
- 예전 직장 동료
- 현재 거래하는 고객들
- 학교 동창(미국의 경우, 경영대학원 동창들이라면 큰 기대를 걸어볼 만하다)
- 직장이나 기타 사회 활동을 통해 알게 된 사람들

비즈니스는 인맥에서 출발한다고 해도 과언이 아니다. 인맥을 어떻게 활용하느냐에 따라 성공 가능성이 크게 달라진다. 그러므로 평소에 인맥을 잘 관리하고 계속 넓히기 위해 부단히 노력해야 한다. 기회가 있을 때마다 연락하고 도와줄 일이 있으면 발 벗고 나서야 한다. 직접 도와줄 수 없을 때에는 도움이 될 만한 사람을 찾아서 소개해 줄 수 있다. 이렇게 하면 상대방도 나중에 기회가 있을 때 기꺼이 손을 내밀 것이다. 인맥 관리를 잘하는 사람은 언제든지 도움을 줄 준비가 되어 있으며, 도움을 받아야 할 때에도 큰 어려움을 겪지 않는다.

자료를 수집한다

자신의 활동 범위와 관련이 없는 비즈니스 세계는 정체불명의 거대한 관료조직처럼 보인다. 그래서 만나야 할 사람의 이름을 알아내는 것, 실제로 연락해서 약속을 정하는 것이 굉장히 어려울 수 있다. 내로라하는 기업마다 전화를 하면 교환원들은 미리 약속이라도 한 듯 "죄송합니다만 실명을 모르시면 곤란합니다."라고 말한다. 당신이 만나려는 사람의 이름조차 모르면 절대로 전화를 연결해 줄 수 없다는 뜻이다.

그렇지만 아직 실망하기엔 이르다. 상대방의 이름과 직책 및 기타 자료를 알아내는 방법이 있을지 모른다. 일례로 영국의 경우에는 컴퍼니 하우스(Companies House, 영국 기업 정보 사이트)에서 각 기업별로 주요 임원들의 이름과 직책 및 관련 자료를 얻을 수 있다. 일부 기업의 경우에는 재무 상태까지도 알 수 있다. 컴퍼니 하우스에서는 www.onesource.com을 통해서 이러한 자료를 유료로 제공한다. 회원으로 가입하면 수백만 개가 넘는 기업과 주요 임원들의 정보를 손에 넣을 수 있다.

세일즈 콜(sales call)을 준비할 때 유의할 점을 파악한다

1. 본인의 이름과 근무 중인 기업을 밝힌다 – 상대방에게 당신의 신분을 먼저 알린다.

2. 잠시 시간을 내주실 수 있습니까? – 우선 상대방의 동의를 얻는 것이 예의상 바람직하다. 중요한 업무를 처리하고 있는데 누군가 불쑥 찾아오는 것은 결코 반갑지 않은 일이다. 시간이 없다는 대답이 돌아오면 언제 다시 방문하면 좋을지 물어본다. 상대방이 정한 시간에 맞추어 다시 찾아간다. 그러면 시간 약속을 잘 지킨다는 인상을 줄 수 있다.

3. 엘리베이터 피치 – 상대방이 간추린 내용을 이해할 수 있도록 쉽게 이야기한다.

4. 가치제안 – 당신이 판매하는 상품의 장점을 설명한다. 조사에 따르면 상대방이 말하는 패턴을 파악하여 모방하면 효과가 크다. 은행 임원들은 대개 말이 빠른 편이므로 이런 사람들을 대할 때에는 말을 빨리 해야 한다. 한편, 자선 단체의 인력관리 담당자들은 말이 느리고 조심스러운 편이므로 이들을 대할 때에는 속도를 낼 필요가 없다.

5. 참고 자료 – 지금까지 당신과 거래를 해서 도움을 얻은 사람들과 기업의 자료를 함께 보여준다. 이왕이면 동종 업계에 종사하는 사람들이나 기업에 대한 자료가 유리하며, 특히 경쟁 업체와 거래한 자료가 있으면 더욱 좋다. 경쟁 업체와 거래한 기록은 당신의 신뢰도를 높이는 데 결정적인 역할을 한다. 아마 경쟁 업체라는 말에 귀가 번쩍 뜨여서 상대방이 더 적극적으로 대화에 참여할지도 모른다.

6. 귀사에서 혹시 여기에 관심이 있는지 모르겠습니다 – 상대방의 생각을 말하도록 유도한다. 상대방이 말을 많이 할수록 당신에게 유리하다. 이야기를 잘 들어주면, 라포가 형성되고 어떤 점으로 상대방을 공략할지 파악할 수 있다. 또한 상대방도 이왕 시간을 투자한 김에 거래를 승낙할 확률이 높아진다.

7. 언제 다시 찾아뵙고 말씀을 나누면 좋을까요? – 직접 만나서 이야

기를 나누면 개인적으로 더 친해진다. 기업 임원들은 인맥에 포함시킬 가치가 충분하다. 말만 잘하면 더 비싼 제품을 팔거나 더 큰 거래를 성사시키는 것도 기대할 수 있다.

이메일 작성 시 유의할 점을 파악한다

한편, 요즘은 통신기술이 발달해서 직접 만나야 하는 번거로움을 가급적 피하려는 경향이 있다. 하지만 직접 만날 수 없어도 상호작용을 극대화할 수 있는 방법이 있다. 예를 들어 이메일을 사용하면 몇 시간 안에 수천 명의 사람에게 가치제안을 전달할 수 있다.

현대 사회에서 이메일은 가장 많이 사용되는 의사소통 수단으로 자리 잡았다. 세일즈 도구 중에서도 가장 큰 힘을 발휘하는 수단이다. 이메일은 받는 사람에게 큰 부담을 주지 않으며, 간단명료하게 간추려진 이메일한 통이면 세일즈맨이 직접 나서서 설명할 내용을 모두 전달할 수 있다. 아래의 규칙을 적용하면 당신도 이메일을 효과적으로 작성할 수 있다.

1. 상대방의 실명을 사용한다 – 불특정 다수를 대상으로 발송한 메일처럼 보이면 안 된다. 상대방의 실명을 사용하면 스팸 메일이 아니라 특별한 이유가 있어서 보낸 메일이라는 인상을 줄 수 있다.

2. 한 가지 상품을 소개드릴까 합니다 – 가치제안을 단 한 문장으로 간추린다. 바쁜 와중에 이메일 확인이 안 되더라도 제목만 보고 이메일을 보낸 목적을 이해하게 만들어야 한다.

3. OO기업에 좋은 기회라고 생각합니다 – 기업명을 포함시키면 상대방이 메일을 쉽게 지우지 못할 것이다. 개인에게 제안을 한 것이 아니라 기업에게 거래를 제안한 것이기 때문이다. 과연, 이메일을 받은 임원은 기업 전체를 대표하여 이 제안을 거절할 권한이 있는 사람일까? 아마 주변의 몇몇 사람들과 의논을 해야겠다는 생각을 하게 될 것이다. 이렇게 제삼자에게 공개된 메일은 아무래도 신중하게 다루게 된다. 결과가 어떻든 당신의 제안이 상대 기업의 여러 사람들에게 알려지는 것은 거래가 성사될 확률이 조금 더 높아진다는 뜻이다.

4. 제가 말씀드리는 기회는 X에 관한 것으로 Y라는 절차에 따라 처리되며 대략 Z 시간이 소요됩니다 – 한 문장으로 간추린 엘리베이터 피치로 이메일을 시작한다. 그 다음에 관련 사항, 처리 절차 및 소요 시간을 각각 한 문장씩 설명할 수 있다.

5. 최근에 다른 고객이 선택한 프로젝트를 잠깐 소개하겠습니다 – 동종 업계의 고객이 최근에 참여하거나 거래한 프로젝트가 있으면 참고 자료로 소개한다.

6. 관련 자료를 첨부합니다 – 이메일의 내용에 관심을 보이면 전체 자료를 살펴볼 수 있도록 첨부한다.

7. 괜찮다면 직접 찾아뵙고 자세한 설명을 드리고 싶습니다 – 상대방이 도움을 필요로 하면 기꺼이 찾아가 알려주겠다는 점을 강조한

다. 전화로 이야기할 기회가 생기거나 직접 만나서 이야기를 나눌 경우 거래가 성사될 확률이 매우 높아질 것이다.

8. **연락처를 알려준다** – 이메일, 전화번호(국제전화의 경우에는 국가 번호도 알려준다), 회사의 웹사이트 주소 등을 알려준다. 언제든 지 연락할 수 있도록 개인 휴대폰 번호를 알려주는 것도 좋은 방법 이다.

9. **서명 뒤에 학위나 수상 경력 등을 간단히 언급한다** – 석, 박사 학위 를 받았거나 기업에서 최근에 받은 표창 등을 서명 뒤에 간단하게 언급한다. 손쉽게 광고 효과를 노릴 수 있고 고객에게 믿음도 줄 수 있다.

회의 준비

디지털 시대에도 여전히 회의 결과에 따라 수십 억 달러의 거래 여부 가 결정된다. 고객을 만나는 자리, 상대방 기업의 임원들과 회의를 하는 것, 취업 면접을 보는 것 모두 비즈니스에서 회의가 얼마나 중요한 부분 을 차지하는지 보여주는 사례이다. 2010년에 크랜필드 경영대학원 (Cranfield School of Management)에서 800명의 세일즈 전문가를 대 상으로 흥미로운 조사를 실시했다. 그 결과 회의 준비를 잘하는 것만으 로도 세일즈 효과를 크게 높일 수 있다는 결론을 얻을 수 있었다.

1. 회의에 앞서 참석자 전원에게 이메일로 회의를 다시 한 번 알린다.

이메일로 참석 여부를 미리 점검할 수도 있다.

2. 관련 기업에 대한 시장 조사를 실시한다. 40쪽을 참고하여 회의에 참석할 사람도 미리 파악한다.

3. 관련 분야, 회의에 참석할 기업이나 임원을 잘 아는 사람들을 만나서 조언을 구한다. 회의에서 말할 요점을 준비할 때 큰 도움이 될 것이다.

4. 사전에 질문을 받은 것이 있으면 최선을 다하여 답변을 준비한다. 단순한 자료 요청이라도 성실히 준비해야 한다. 자신이 몸담고 있는 기업을 간단히 소개할 자료를 준비한다. 그밖에 상대방에게 도움이 될 만한 자료가 있다면 모두 정리해 둔다.

5. 회의 절차를 미리 구상한다.

오늘의 의제 〈예시〉

장소 : _____   날짜 : _____

참석자 : _____   시간 : _____

1. 개회사 (본인과 참석자 이름 포함) : 10분

2. 프로젝트에 대한 간단한 보고 (담당자) : 10분

3. 내가 제안할 과제 소개 (본인 이름) : 10분

4. 질의응답 (담당자, 본인 이름) : 10분

5. 결정사항 (담당자, 본인 이름) : 10분

---

6. 10~15분 정도 일찍 도착한다. 시간에 딱 맞게 도착하거나 또는 도착 시간에 늦으면 허둥대는 모습을 보일 수 있고, 숨도 고르지 못한 채 회의에 들어가야 한다. 먼저 도착한 사람들과 회의 내용에 대해 이야기하거나 혼자 말할 내용을 다시 점검하는 것도 괜찮다.

7. 세일즈 관련 회의에서는 고객이 말하는 것을 하나도 빠짐없이 받아 적는다. 회의가 끝난 뒤에 메모를 확인하면서 고객이 원하는 것을 조금 더 자세히 파악할 수 있기 때문이다.

8. 회의가 끝나면 회의록을 정리하고 참석자 전원에게 간추린 내용을 보내준다. 또한 회의에서 다뤄진 중요한 사안과 다음 회의의 안건도 함께 알려준다.

후속 조치

회의가 끝난 뒤에도 아직 할 일이 남아 있다. 회의가 끝난 뒤에 어떻게 대처하느냐에 따라 거래의 성사 여부가 좌우된다. 우선 상대방에게 거래를 강요하는 느낌을 주면 안 된다. 예의를 지키고 항상 상대방의 의견을 존중하는 태도를 보여야 한다. 모두들 각자의 비즈니스에 바빠서 회의를 하고도 쉽게 잊을 우려가 있으므로 가볍게 회의 내용을 상기시키거나 제안한 거래를 좀 더 검토하도록 권할 수 있다. 상대방이 거부 의사를 분명히 밝히면 불쾌한 감정을 드러내지 않고 정중하게 마무리한다. 좋은 인상을 남겨야 나중에 다른 기회가 있을 때 좋은 얼굴로 대할 수 있다.

최대한 많은 사람에게 접근한다

자신이 접근할 수 있는 기업의 임원들이 모두 몇 명인지 세어본다. 세일즈는 끊임없이 시도하는 사람이 먼저 성공하기 마련이다. 대다수의 기업들은 매출을 계획할 때 세일즈 콜 백 건 당 신규 고객 한 명을 찾을 수 있다고 말한다. 즉 성공률은 평균 1%이다. 따라서 비즈니스를 확장하려면 세일즈 콜을 무조건 많이 하는 수밖에 없다.

자, 그렇다면 이 확률을 가지고 성공하려면 어떤 방법을 동원해야 할까? 세일즈 콜을 맡을 사람을 더 많이 고용해야 할까? 이메일을 수천 명에게 발송하거나 기존의 세일즈 직원들을 교육시켜 성공률을 2%까지 올리는 방법도 있다. 이렇게 적극적으로 노력하면 성공과 실패의 차이는 금세 드러날 것이다.

고객 관리 시스템(CRM)을 활용한다

가능한 모든 자료를 기록으로 남길 경우, 평생 비즈니스를 한다고 가정하면 아마 수천 명의 고객을 관리해야 할 것이다. 나 또한 업무 때문에 연락하는 사람이 2만 명에 달하여 사업을 시작할 때 네트워크 관리 시스템을 따로 마련했다. 사람을 많이 접하는 분야에 종사하면 연락처를 관리하는 데 주의를 기울여야 한다. 상대방의 이름, 만나서 이야기한 내용, 거래의 주요 특징을 기억에 의존하는 것은 매우 위험한 일이다. 한번의 거래로 끝낼 인연이 아니라면 관련 자료를 잘 보관해야 원만한 관계를 유지할 수 있다. 그러므로 아주 사소한 자료라도 CRM(Client Relation ship Management)으로 관리해야 한다. 흔히 엑셀 파일을 활용하지만 www.salesforce.com 같은 온라인 서비스도 사용할 만하다. 온라인 서비스로 자료를 관리하면 장소에 구애받지 않고 어디에서나 자유롭게 자료를 활용할 수 있다.

사례 연구 ::
워렌 버핏이 알려주는 철저한 준비의 중요성

철저한 준비가 얼마나 중요한지 증명하려면 워렌 버핏만큼 좋은 실례가 없다. 그는 전 세계를 통틀어 경쟁자를 찾아볼 수 없을 정도의 갑부로서, 재산 규모가 약 440억 달러로 추정된다. 워렌 버핏은 독특한 투자전략으로 엄청난 부를 쌓았으며 '오바마의 현인'이라는 별명까지 얻었다. 역사를 통틀어 그의 명성에 버금가는 주식투자자는 두 번 다시 나오지 않을 것이라고 말하는 사람들도 있다.

워렌 버핏이 대세다
그는 1930년생이다. 그의 아버지는 주식 중개인으로 일하다가 나중에 정계에 진출하여 국회의원이 되었다. 그는 어릴 때부터 금융에 관심이 많았는데, 특히 벤 그레이엄(Ben Graham)의《현명한 투자자 Intelligent Investor》라는 책을 읽고 크게 감명을 받았다. 벤 그레이엄이 저술한《증권 분석 Security Analysis》과《현명한 투자자》에 소개된 투자 원칙은 워렌 버핏이 비즈니스의 기초를 닦는 데 큰 도움이 되었다.

워렌 버핏 따라하기

워렌 버핏은 섣부른 요행을 바라지 않는다. 그는 증권 투자도 결국 사업에 투자하는 것처럼 하라고 가르친다.

가격이 유리할 때 투자한다 – 비즈니스를 할 때 투자자는 가능한 자신에게 유리한 가격 조건을 얻으려고 협상한다. 마찬가지로 워렌 버핏은 급격한 하락이 발생한 직후와 같이 가격이 유리할 때 투자하였고 결코 위험을 무릅쓰지 않았다.

투자는 장기적인 안목으로 진행한다 – 비즈니스를 할 때 투자자들은 일시적인 수익이 아니라 장기적인 수익에 더 관심을 갖는다. 워렌 버핏도 변덕이 심한 증권 시장의 유행을 뒤쫓지 않고 장기적으로 안정적인 사업에 투자하는 방식을 굳게 지켰다.

경영진이 탄탄한지 점검한다 – 사업 투자자들은 투자를 하기 전에 기업의 경영진이 노련하고 지혜로운지 항상 확인한다. 워렌 버핏도 경영진이 수익을 사업에 재투자하면서 바람직한 방향으로 사업을 이끌어 가고 있는지 확인한 뒤에 비로소 투자 여부를 결정했다.

부채는 가능한 만들지 않는 것이 좋다 – 기업에 투자하는 자본가라면 거액의 부채가 얼마나 무서운지 잘 알고 있다. 워렌 버핏도 주식 투자를 하기 전에 이런 점을 꼼꼼하게 확인했다. 그는 ('레버리지' 곧) 부채가 많은 기업에는 눈길을 주지 않았다. 부채가 많은 기업은 이자율에 휘둘려 현금 흐름이 원활하지 않기 때문이다.

비즈니스의 내재적 가치(intrinsic business value)

그레이엄은 '비즈니스의 내재적 가치' 라는 이론을 통해 합리적인 투자는 시장의 현주소가 아니라 비즈니스의 기본 요소에 따라 이루어진다면서 '미스터 마켓(Mr Market)' 이라는 가상의 인물을 내세워 이 점을 설명했다.

미스터 마켓

미스터 마켓은 아주 괴팍한 동업자이다. 그는 하루에도 몇 번이고 다른 가격으로 주식을 사거나 팔도록 권유한다. 주가가 급격히 떨어질 때는 사들이고, 크게 오를 때는 파는 것이 수익을 얻는 기회라고 말한다. 하지만 국공채의 수익률과 같은 전반적인 시장을 살펴보면, 미스터 마켓이 제안하는 가격이 너무 높거나 낮다는 것을 알 수 있다. 이렇게 외부의 평가 기준을 벗어나지 않고 투자하는 것을 '안전한계(margin of safety)' 라고 한다.

워렌 버핏은 이와 같은 준비 단계의 테크닉을 잘 활용하여 현대사에 보기 드문 성공 사례를 만들었다.

가장 대표적인 일화는 1988년으로 거슬러 올라간다. 그때 워렌 버핏은 코카콜라를 아주 좋은 투자 대상으로 판단하고 무려 10억 2천만 달러를 쏟아 부어 코카콜라의 주식 7%를 사들였다. 그 결과, 1990년대에 이르자 워렌 버핏이 CEO로 있던 버크셔 해서웨이(Berkshire Hathaway)의 주가는 2,600달러에서 8만 달러로 치솟았다.

21세기가 시작될 무렵, 그는 전 세계 1위의 갑부로 등극했다(주식 시장의 변동에 따라 빌 게이츠와 1,2위 자리를 주거니 받거니 했다). 이 글을 쓰는 시점을 기준으로 볼 때는 〈포브스〉 지가 선정한 세계 3대 갑부 중 한 명이다.

✔ 요점 정리

제 2장에서는 철저한 준비가 비즈니스의 성공 여부에 얼마나 큰 영향을 주는지 알아보았다. 어떤 비즈니스를 하던지 반드시 준비해야 할 핵심 사항이 있다. 철저히 준비하면 자신이 일하게 될 분야를 깊고 폭넓게 이해할 수 있으며, 상대방에게 프로 정신이 투철하고 최선을 다하는 사람이라는 인상도 줄 수 있다.

제 3장
::
이미지 관리

66 처음에는 비즈니스만 생각했지요.

하지만 이제는 다릅니다.

브랜드의 이미지가 달려 있는 문제입니다. 99

리처드 브랜슨

개인 외모가 중요한 이유

비즈니스 세계를 들여다보면, 내로라하는 대기업과 유명한 기업가 및 투자자들 때문에 금세 기가 꺾일지 모른다. 하지만 알고 보면 그들도 부채에 허덕이거나 파산하기 일보 직전인 경우가 많다(미국의 대표적인 투자 은행인 리먼 브라더스가 무너진 것을 생각해 보라). 겉보기에 번지르르하지만 실제로는 살얼음판을 걷는 투자 은행이 수두룩하다.

주요 기업이나 사업 경험이 많은 사람들은 겉으로 드러나는 이미지가 자신들의 평가에 큰 영향을 준다고 생각한다. 처음 만나는 사람은 일단 외모로 판단하게 되는 것과 같은 원리이다. 리처드 브랜슨처럼 외모가 아닌 독특한 개성을 앞세워 세계적인 브랜드를 개발하고 엄청난 부를 쌓은 기업가도 있다.

3장에서 배울 점

이미지에 영향을 미치는 요소를
잘 알고 관리해야 한다

개인 외모 단장하기

- 옷차림은 비즈니스맨답게
- 편견을 버려라

자기소개서는 간단명료하게 작성한다

- 자기소개서에 꼭 넣어야 할 사항

리처드 브랜슨에게 배울 점

- 자신의 가치관과 능력에 따라 비즈니스를 주도한다
- 베푸는 만큼 협조를 얻을 수 있다
- 도전에 당당히 맞선다
- 자신의 경력을 믿고 비즈니스를 진행한다
- 일의 시작부터 끝맺는 순간까지 이성적으로 판단한다
- 불가능은 없다
- 실험 정신을 발휘한다
- 위기가 닥칠 때 사업을 확장한다
- 항상 배우려는 자세로 행동한다

개인 외모 단장하기

옷차림은 비즈니스맨답게

사람들은 이미 비즈니스로 성공을 거둔 사람과 거래를 원한다. 이것은 비즈니스 세계에서 지극히 자연스러운 현상이다. 이렇게 생각해 보라. 지금 당장 누군가를 만날 기회가 주어진다면 대기업 경영인과 사무실에서 심부름을 하는 직원 중 당신은 누구를 원하겠는가? 사업상 만나는 자리에서는 어떤 옷을 입었느냐에 따라 성공한 비즈니스맨이라는 이미지를 얻을 수도 있다. 이렇게 외모를 꾸미는 데 신경을 쓴 만큼 상대방을 존중한다는 의미가 포함되기 때문이다.

남자라면 반드시 셔츠와 타이를 포함한 정장을 입는다. 여성이라면 깔끔한 투피스가 좋다. 물론 다른 옷을 입을 수도 있지만 전반적으로 프로답고 지적인 이미지를 풍겨야 한다. 또한 남녀를 불문하고 구두를 깨끗이 닦고, 단정한 헤어스타일을 하고, 손톱 등도 깔끔하게 정리하는 것이 바람직하다. 또한 날씨가 더워도 상대방이 겉옷을 벗기 전에는 먼저 벗지 않는 것이 예의이다.

그밖에도 사람들의 눈에 띄는 작은 부분까지 세심하게 신경을 써야 한다. 어디 하나 흠잡을 데 없는 외모야말로 성공한 비즈니스맨의 이미지에서 빼놓을 수 없는 요소이기 때문이다. 고급스러운 손목시계, 구김 없는 셔츠, 깔끔하고 세련된 구두만으로도 점수를 많이 딸 수 있다. 정말

안목이 높은 사람은 고급 재질의 브랜드 정장을 단번에 알아본다. 이것이 전부가 아니다. 비즈니스맨이라고 해서 무조건 정장만 입어야 하는 것은 아니다. 창의성이 요구되는 분야에서는 캐주얼한 의상이 더 바람직하다. 그러므로 상황에 맞는 의상을 파악하고 그에 어울리게 입는 것이 좋다.

편견을 버려라

옷차림만으로 사람을 판단하는 것은 매우 위험할 수 있다. 정말 큰 성공을 거두어 부자가 된 사람들은 비즈니스 자리에서 정장을 입어야 한다는 상식을 무시하는 경우가 가끔 있기 때문이다.

나도 민망한 경험을 통하여 이 점을 깨달았다. 한번은 런던 시내에서 업무상 회의가 있었다. 그 자리에 머리를 뒤로 질끈 묶고 청바지에 티셔츠를 입은 채 부스스한 얼굴로 한 남자가 등장했다. 그 자리에 있던 사람들이 모두 못마땅한 눈으로 바라본 것도 당연한 일이었다. 심지어 음료수를 제공하는 직원도 그를 외면했다. 그런데 그가 담뱃갑을 꺼냈는데 거기에 바로 그 남자의 얼굴이 들어 있었다. 알고 보니 그는 매우 유명한 기업의 대표이자 내로라하는 백만장자였다. 그 회의장에 있던 사람들 중에서 가장 부유한 남자였다.

자기소개서는 간단명료하게 작성한다

요즘에는 비즈니스를 하려면 외모 못지않게 서류도 완벽하게 준비해야 한다. 흠잡을 데 없는 자기소개서는 요령만으로 만들어지지 않는다. 여러 가지 규칙과 방법을 잘 알아서 익숙하게 적용할 수 있어야 한다. 자기소개서는 지금까지 쌓은 경력을 모두 담고, 그중에서 가장 자랑할 만한 것을 강조하고, 본인의 장점과 그동안 발전해온 자취를 보여주는 것이다. 자기소개서가 왜 중요할까? 당신이 면접관을 만나기 전에 자기소개서가 먼저 그의 손에 들어가기 때문이다. 면접관은 자기소개서에서 알게 된 자료를 토대로 면접을 진행한다. 이처럼 자기소개서는 비즈니스 세계에서 첫발을 내딛는 단계이므로 매우 중요하다.

면접관이 자기소개서 한 장을 훑어보는 데 8초도 걸리지 않는다고 한다. 그러므로 자기소개서는 간단명료하게 작성되어야 한다. 본인이 원하는 특징이나 강점이 드러나지 않은 자기소개서는 곧바로 외면 당하게 되어 면접관은 다른 사람의 자기소개서로 눈을 돌릴 것이다.

30년 넘게 한 분야에 종사하면서 여러 가지 직업을 맛본 사람이 아니라면 자기소개서를 스무 페이지가 넘는 수필처럼 쓸 수도 없고 그렇게 쓸 필요도 없다. 자기소개서는 길어 봐야 두 페이지를 넘기지 않는 것이 좋다.

자기소개서에 꼭 넣어야 할 사항

인적사항 – 이름 / 연락처 / 나이는 기록하지 말 것

경력 – 가장 최근에 근무한 직장부터 기록하고 시간 역순으로 나열한다. 기업 이름을 제시하고 한 줄 정도로 간략하게 설명한다. (예시 : 프린트코(PrintCo) – 영국 전역에 20개 이상의 대리점이 있는 인쇄사업체로서 직원 수가 100명이며 연간 수익은 2천만 파운드입니다)

본인의 직책과 회사의 위치를 제시한다. 근무기간도 시작 일자와 퇴직 일자를 정확히 기입한다.

경력의 내용은 구체적이어야 한다. 간단한 직책이나 업무 설명만으로는 충분하지 않다. 면접관이 관심을 갖는 것은 당신의 업적과 그것이 해당 기업에 끼친 영향이다. 매일 반복되는 사소한 업무는 제외하고 근무

당시에 가장 잘했던 일 세 가지만 중점적으로 기록한다. 이때 아래의
STAR 공식을 적용하면 바람직하다.

경력을 설명할 때는 구체적이고 긍정적인 표현을 사용한다. 175쪽에
있는 동사를 참조할 수 있다. 또한 아직 진행 중인 일이 아니라 모두 완
료되었음을 분명히 해야 하므로 과거 시제로 설명한다.

STAR 공식

Situation(상황) – 기업명과 당시 직책을 제목에 기입한다.

Task(업무) – 본인이 맡았던 업무. (예 : 신상품 마케팅 프로젝트 또는 스타
벅스에서 커피를 서빙하는 일 등)

Action(구체적인 활동) – 구체적으로 무엇을 했는가? (예 : 포커스 그룹 조
사 및 인터뷰를 실시하여 시장과 고객을 심층적으로 연구했으며, 이를 바탕
으로 마케팅 전략을 구상했다. 고객에 전적으로 초점을 맞추고 항상 긍정적
인 태도를 유지했다)

Result(결과) – 위의 활동에서 어떤 결과를 얻었는가? (예 : 시장의 40%를
점유했으며 매출량은 예상보다 10% 많았다. 고객으로부터 90% 이상의 피
드백을 받았으며 3회 연속 이 달의 직원으로 선정되었다)

STAR 공식을 적용하면 간결하고 힘이 있는 문장을 쓸 수 있다. 이렇게 만
든 자료는 면접관이 질문을 생각해낼 때도 도움을 줄 수 있다. 또한 어려운
상황을 긍정적으로 대처하는 사람이라는 인상도 줄 수 있다.

학력 – 학사, 석사 등의 학위를 먼저 제시한다. 중, 고등학교도 업무와 관련이 있으면 기재할 수 있다. 오래 전에 졸업한 경우에는 학력의 비중이 많이 줄어들기 때문에 최종 학위만 기재해도 무방하다.

기타 – 외국어 구사능력을 기재한다. 단, 직장에서 활용할 수 있는 수준인 경우에만 기재한다. 식사 준비나 휴일에 간단한 다과를 준비하는 것은 자기소개서에 언급할 가치가 없다. 컴퓨터 활용 능력도 기재할 수 있다. 아무튼 가장 중요한 것은 '업무 관련성'이다. 5분 내에 200미터를 완주하는 수영실력을 갖추고 있어도 업무상 관련 있는 경우는 거의 없을 것이므로 과감히 제외한다. 물론 기타 란을 빈 칸으로 두면 안 되는 경우에는 예외적으로 기재해도 좋다.

흥미 – 면접관에게 자신의 인성을 보여주는 부분이다. 최대 네 가지 정도 언급할 수 있으며 자신을 돋보이게 하거나 개성을 강조할 수 있는 관심사를 언급한다. '유니세프 성금을 모으기 위해 에베레스트 정복에 도전'한 적이 있으면 제일 첫 줄에 언급한다. 이왕이면 프로다운 이미지 외에 개성을 강조할 수 있는 관심사도 드러낼 수 있다. 당신이 정말로 평소에 '영화를 좋아하고 와인을 즐겨 마시는 편'일지 모른다. 그렇지만 당신과 취향이 비슷한 지원자가 얼마나 많겠는가? 조금이라도 더 눈길을 끌 수 있는 방법을 찾는 것이 보다 유리할 수 있다.

재검토 및 수정 – 자기소개서를 제출할 기업의 특성에 맞게 일일이 수정해야 한다. 금융권에 제출할 자기소개서에 매출 실적을 자랑하는 것은 무의미한 일이다. 세일즈 직원을 뽑는 기업에 금융권 근무 경험을 강조하는 것도 마찬가지이다. 자기소개서는 반드시 맞춤식으로 작성하여야 한다.

사례 연구 ::
리처드 브랜슨에게 배울 점

리처드 브랜슨은 불과 16세였을 때 잡지 출판업계에 뛰어들어 오늘날 버진 그룹(Virgin Group)이라는 초대형 기업을 일구었다. 버진 그룹은 수십 개의 나라에 200여 개 이상의 자회사를 보유하고 있으며, 연간 영업 수익이 100억 달러를 넘는다. 그는 비즈니스의 거물이며 영국 기업 정신을 세계무대에 부활시킨 장본인이다.

자신의 가치관과 능력에 따라 비즈니스를 주도한다

리처드 브랜슨은 독창적이고 신선한 방법으로 버진 브랜드를 개발했다. 코카콜라는 붉은색 브랜드로 일관하고 있으며, 애플은 한 입 베어 문 사과 모양으로 널리 알려져 있다. 그런데 버진은 창업주인 리처드 브랜슨을 떠올리게 만든다. 그는 자신의 개성을 담은 비즈니스 방식을 라이프스타일의 역할모델로 삼았다. 이 사람의 가치관은 크게 다섯 가지로 요약된다.

1. 돈의 가치

2. 인성

3. 확실한 고객 서비스

4. 혁신

5. 경쟁력을 갖춘 도전과 즐기는 자세

당신도 비즈니스를 할 때 1장에서 정리한 자신만의 가치관을 반영할 수 있다. 이 말은 가치관이 뚜렷하게 정립된 사람만 비즈니스에 손을 대야 한다는 뜻도 된다. 무슨 일을 하든지 중요한 가치관이 명백하게 반영되어야 하기 때문이다.

베푸는 만큼 협조를 얻을 수 있다

리처드 브랜슨에게 가장 중요한 것은 바로 사람이다. 그에게는 고객과 직원은 물론이고 사회의 모든 구성원이 중요한 존재이며, 이 점은 비즈니스에 명확히 드러난다. 유럽에 있는 '버진 클럽(Virgin Club)'이라는 헬스클럽 체인은 무조건 일정 기간 등록을 요구하거나 장기 등록을 유도하는 것이 아니라 고객이 원할 때에만 자유롭게 등록할 수 있다. 미국의 버진 모바일(Virgin Mobile)도 이와 비슷한 전략으로 400만 명의 고객을 모았다. 장기 계약을 부담스러워 하는 젊은 고객을 대상으로 선불 전화 카드를 판매한 것이 큰 효과를 발휘한 것이다.

　그밖에도 브랜슨은 사회적으로 불리한 입장에 처한 사람들을 위해 여러 가지 벤처 사업을 구상했다. 예를 들어 학생 지원 센터로 시작한 사업은 현재 버진 유나이트(Virgin Unite)에서 관리하고 있다. 뿐만 아니라 버진 계열사 직원들은 케이블 텔레비전을 포함하여 각종 버진 서비스를 할인된 가격으로 누릴 수 있으며 버진 전용 나이트클럽에서 도 할인을 받을 수 있다. 리처드 브랜슨은 기회가 있을 때마다 사람을 배려하는 것이 중요하다고 강조했다. 2005년에 제인 폴리(Jane Pauley)와 인터뷰를 할 때는 이렇게 말한 바 있다.

　"사람을 대하는 기술이 좋은 사람, 사람에 대한 진정한 관심이 있는 사람이라면 버진에서 분명히 일자리를 찾을 수 있을 겁니다. 자기 직원들을 잘 보살피는 기업이야말로 제대로 된 기업이지요. 물론 그밖에 다른 재능이나 기술이 있으면 더 좋아요. 그러나 사람을 아끼는 마음이 가장 중요합니다."

도전에 당당히 맞선다

　그는 어린 시절부터 독특한 목적의식을 갖도록 훈련받았다. 그의 어머니는 스무 살 아들에게 일부러 어려운 일을 시켰다. 한번은 집에서 80킬로미터나 떨어진 본머스(Bournemouth)까지 자전거로 다녀오게 하면서 마실 물을 스스로 구하라고 했다.

덕분에 젊은 시절부터 그는 남들이 불가능하다고 생각하는 일에 도전하는 것을 즐기게 되었다. 요트 한 대로 대서양을 횡단한 후 다시 열기구를 타고 되돌아오는 경기에서 세계 기록을 경신한 적도 있었다. "열기구는 단 한번 사용하는 것으로 수명이 끝납니다. 그 열기구가 제대로 뜨는지 알아보는 방법은 일단 믿고 타는 겁니다." 이 말만 보더라도 그가 위험을 감수하며 모험을 시도하는 것을 얼마나 좋아하는지 알 수 있다.

자신의 경력을 믿고 비즈니스를 진행한다

브랜슨은 독자적으로 남다른 리더십 스타일을 개발했다. 버진 그룹의 시장 점유율은 그의 리더십이 성공했다는 증거이다. 그는 대중매체의 관심을 끌 만한 개성 넘치는 프로필을 준비하여 비즈니스에 박차를 더하였다. 일례로 버진 항공사(Virgin Air)가 재정적으로 어려움을 겪으면서 영국 항공(British Airways)과 치열한 신경전을 벌일 때 그의 기지는 빛을 발하였다. 브랜슨은 요르단의 후세인 국왕과의 친분을 이용하여 사담 후세인과 협상을 벌여 이라크에 인질로 잡혀 있는 영국인들을 석방한다는 약속을 받았다. 놀랍게도 그는 직접 버진 항공기를 타고 이라크까지 날아가서 인질들을 데려왔다. 그가 돌아오자 영국 국민들은 승리의 환호를 질렀다. 이 일이 버진 그룹에 가져온 PR 효과는 상상을 초월했다. 브랜슨의 인기가 너무 높아져서 다른 영국 항공사들이 '치사한 방법'으로 그의 이미지를 실추시켜, 경쟁력을 회복하려 한다는 말이 나올 정도였다.

일의 시작부터 끝맺는 순간까지 이성적으로 판단한다

그는 비즈니스와 관련하여 어떤 결정을 내리든, 항상 앞일을 깊이 생각하고 이성적으로 판단했다. 그의 날카로운 비즈니스 감각은 시간이 흘러도 무뎌지지 않았다. 벤처 사업가로 전략적인 성공을 거둔 대표적인 사례는 음반 사업이었다. 처음에는 우편으로 주문을 받아 음반을 배송하는 것부터 시작하여 결국에는 음반 회사를 차리게 되었다. 음반 주문판매가 잘되자 음반 시장에서 다양한 사업 기회를 찾아냈다. 이렇게 하여 오늘날 버진 그룹이 탄생한 것이다.

불가능은 없다

브랜슨이라는 이름을 들으면 사람들은 끝없는 야망과 자신감을 떠올린다. 그는 보통 사람이라면 머뭇거리거나 망설일 정도의 어려움이나 제약을 만나도 아랑곳하지 않았다. 사업을 위해서라면 아무리 힘든 일이 있어도 묵묵히 앞으로 밀고 나아갈 뿐이다. 필요하다면 '진리라고 생각했던 것도 변경할' 마음의 자세가 되어 있었다. 꼭 필요하다고 판단되면 그는 누구와도 손잡을 준비도 되어 있었다.

예를 들면, 한번은 고급 사치품을 구매할 가능성이 높은 고객들에게 무료 여행권과 숙박권을 제공한다는 이야기를 들었다. 그는 이 기회를 활용하기로 마음먹고 부동산을 찾아가서 버진 아일랜드에 있는 섬 하나를 매입할 의향이 있다고 말했다(마침 그때 브랜슨도 애인과 함께 낭만적인 휴가를 즐기고 싶은 순간이었다). 중개업자는 300만 파운드 정도로 가격이 책정된 섬 하나를 보여주었다. 하지만 당시 그에게는 10만 파운드밖에 없었다. 놀랍게도 브랜슨은 솔직하게 사정을 털어놓은 뒤 섬을 사고 싶다는 말을 전했다. 당연히 그의 제안은 거절당했고 그 자리에서 쫓겨났다. 그런데 불과 몇 달 뒤에 갑자기 섬의 소유주가 현금이 급하게 필요하게 되어 브랜슨을 찾아왔다. 그리고 이번에는 180만 파운드에 거래가 이루어졌다. 현재 네커 아일랜드(Necker Island)는 전 세계에서 손꼽히는 고급 휴양지로 알려져 있으며 부동산 가치는 수억 파운드에 달하고 있다.

실험 정신을 발휘한다

브랜슨은 결과를 일일이 예측하고 손익을 따지느라 시간과 돈을 낭비하는 타입이 아니라, 상황을 보고 바로 행동하는 편이었다. 물론 기존의 경영 이론에 비추어 보면 그의 행동이 다소 성급해 보일지 모른다. 하지만 이성적인 판단력과 앞일을 내다보는 통찰력이 있었기에 신속히 행동하여 즉각적인 결과를 얻을 수 있었다. 예를 들면, 한번은 장시간 비행을 하는 중이었는데 건너편에 마음에 드는 멋진 여성이 앉아 있었다. 브랜슨은 그녀와 편안하게 대화를 나누고 싶었지만 마땅한 공간이 없었다. 그는 자리에 앉아 곰곰이 생각한 결과 버진 항공기에 스탠드업 바(Stand-up Bar)를 만들기로 결심했다.

또 다른 경우는 아내의 손 관리사가 버진 항공사의 고객 서비스에 매니큐어 서비스를 포함시키면 좋을 것이라고 제안했다. 그는 (시장조사를 하거나 손익 여부를 계산해 보지 않고) 그 자리에서 제안을 받아들이기로 결정하여 주요 고객 서비스에 바로 포함시켰다. 현재 버진 항공사 직원 중에는 미용 관리사가 700명이나 된다.

위기가 닥칠 때 사업을 확장한다

지금은 리처드 브랜슨을 모르는 사람이 없을 정도로 유명한 사업가가 되었지만, 그에게도 힘든 시절이 있었다. 1980년에 버진 그룹은 무려 100만 파운드의 손실을 입었다. 그의 비즈니스 파트너인 닉 포웰(Nik Powell)이 자기 지분의 매각을 고민할 정도로 사업이 어려워졌다.

하지만 이렇게 어려울 때에도 브랜슨은 감원 정책을 쓰거나 회사의 규모를 줄이지 않았다. 오히려 그는 나이트클럽을 두 개나 새로 인수했다. 하나는 켄징턴 루프 가든(Kensington Roof Garden)이었고, 다른 하나는 G.A.Y 클럽이었다. 이 때문에 100만 파운드의 부채가 추가로 발생하자 포웰은 브랜슨 때문에 버진 그룹의 위기가 더욱 심각해졌다고 생각했다. 하지만 시간이 흐르자 나이트클럽의 가치가 크게 상승하여 버진 그룹의 회생에 큰 힘이 되었다.

리처드 브랜슨의 성공 비결은 결코 운이 아니었다. 그는 위기가 닥쳐도 사업을 줄이거나 움츠리기는커녕 그때마다 사업을 더 확장했다. 그처럼 대범하게 밀어붙이지 않았더라면 버진 그룹이 지금처럼 크게 성장하지 못했을 것이다.

항상 배우려는 자세로 행동한다

리처드 브랜슨은 평생 배우는 자세로 살았다. 사업이든 개인 생활이든, 성공적인 경험이든 실패든, 모든 것이 그에게는 개인적인 성장과 사업 성장에 꼭 필요한 수업이었다. 지금은 명예박사 학위를 가지고 있지만 처음에 사업을 시작할 때 그의 꿈은 저널리스트가 되는 것이었다. 그런데 어쩌다 보니 이 시대를 대표하는 성공한 기업가가 된 것이다. 이 점에 대해 브랜슨은 의미심장한 말을 남겼다. "처음에 돈을 많이 벌려고 사업에 뛰어든 것은 결코 아니었습니다. 저는 그저 사업에 대한 경험이 필요했을 뿐이에요. 경험이 쌓이면 내 인생이 풍요로워질 것이고, 그러면 주변 사람들도 즐겁게 해줄 수 있을 거라 생각했지요." 정말이지 브랜슨다운 표현이었다.

그는 개인적으로 넬슨 만델라, 카터 전 대통령, 버락 오바마 대통령을 존경한다고 말했다. 그러나 말이나 행동에서는 그들의 영향력을 찾을 수가 없다. 브랜슨만의 특별한 개성이 드러날 뿐이다.

✔ 요점 정리

　제 3장에서는 성공한 비즈니스맨이라는 이미지를 만드는 것이 중요하며 이러한 이미지가 또 다른 성공을 가져오는 견인차 역할을 한다는 점을 배웠다. 자신을 프로다운 모습으로 가꾸면 다른 사람들에게 보다 더 긍정적인 인상을 줄 수 있다. 한번 형성된 이미지는 바꾸기 어려우며 다른 사람의 눈에 비친 이미지를 바꾸기란 더욱 어려운 일이다. 아마추어라는 어설픈 느낌을 주어서는 절대로 안 된다. 외모뿐만 아니라 이력서 등의 서류를 작성할 때에도 당당하고 자신감이 넘치며 능력과 경험이 많다는 것을 적극적으로 알려야 한다. 리처드 브랜슨의 사례는 개성을 발휘하는 것 역시 비즈니스 세계에서 독특한 이미지를 형성하는 효과가 있으며 그야말로 살아 숨 쉬는 브랜드를 만들 수 있음을 여실히 보여준다.

제 4장
::
의사소통

66 누구나 노력하면
소통의 기술을 발전시킬 수 있다. **99**

존 파웰

의사소통의 기술이 중요한 이유

비즈니스에서 상대방과 원활한 소통 관계를 유지하는 것은 매우 중요한 기술이다. 의사소통이란 메시지를 전달하고, 상대방을 설득하고, 반대 의견을 타개하여 비로소 합의에 이르는 과정이다. 의사소통의 기술은 한번 습득하는 것으로 끝나는 것이 아니라 지속적인 학습과 훈련을 요구하는 기술이다.

윈스턴 처칠, 넬슨 만델라, 버락 오바마를 비롯한 유명 인사들은 효과적인 의사소통의 힘을 여실히 보여주고 있다. 그들도 처음부터 화려한 언변과 설득력 넘치는 화술을 타고난 것은 아니었다. 수십 년 동안 연습과 준비를 반복한 끝에 지금과 같은 경지에 오를 수 있었다. 효과적인 의사소통은 매우 긍정적인 인상을 남긴다. 전 국민의 마음을 움직일 수도 있고, 고객의 명단을 얻기 위해 모든 직원이 하나로 뭉치게 만들 수도 있다.

요즘은 눈부신 기술의 발전 덕분에 자신의 생각을 전달할 수 있는 수단이 굉장히 많아졌다. 어떤 수단을 선택하든 의사소통의 목표를 효과적으로 달성하려면 그 방법에 관하여 정해진 규칙을 준수해야 한다.

말로 표현할 수 없는 감정이나 메시지를 찾아내라

유명한 철학자인 에픽테토스(Epictetus, 그리스의 스토아학파 철학자)는 이런 말을 남겼다. "사람의 귀는 둘이지만 입은 하나이므로, 듣는 것이 말하는 것의 두 배가 되어야 한다." 기원후 100년경이나 지금이나 이 말은 불변의 진리가 되었다. 효과적인 소통 방식은 바로 잘 듣는 것으로부터 시작되기 때문이다. 진실한 대화를 하려면 상대방의 배경과 요구를 잘 알아야 한다. '경영의 대부'라 불리는 피터 드러커(Peter Drucker)는 상대방이 직접 말로 표현하지 않은 감정이나 메시지를 찾아내는 것이야말로 소통에서 가장 중요한 것이라고 말한다. 그렇게 하려면 조급함을 버리고 상대방을 이해하기 위해 적극적이 되어야 한다. 진심 어린 태도로 대화에 몰두하면 상대방도 진지한 자세로 대화에 임할 것이다. 그러면 말하는 사람은 어느새 마음을 열고 자신의 생각, 근심거리, 관심사 등을 숨김없이 털어놓기 마련이다.

능동적으로 들어라

고객이나 면접관이 하는 말 중에서 상대방에게 정확하게 전달되는 부분은 25~50%에 불과하다고 한다. 이 비율을 더 높이려면 능동적으로 듣는 기술을 배우고 익혀야 한다. 바로 이 장에서 소개하는 연습 절차를 여러 번 반복하면 된다. 능동적으로 듣는 기술을 발휘하여 중요한 단서를 얼마나 알아내느냐에 따라 거래의 성사 여부가 좌우된다는 것을 기억하기 바란다.

4장에서 배울 점

의사소통에서 얼굴 표정이 주는 영향을
잘 알고 관리해야 한다

메시지는 말, 몸짓, 표정, 글 등으로 전달된다

- 상대방의 몸짓이나 말투를 따라한다
- 악수를 할 때 기분 좋게 손을 꼭 잡는다
- 바른 자세를 취한다
- 들은 내용을 이해하고 있다는 것을 몸짓으로 보여준다
- 들은 내용의 요점을 확인 받는다
- 상대방을 이해하려고 노력한다
- 말할 내용을 조리 있게 구성한다
  - 연역적 추론
  - 귀납적 추론
- 프레젠테이션을 꼼꼼하게 준비해 실수 없이 진행한다
- 이메일은 신중하게 작성한다

메시지는 말, 몸짓, 표정, 글 등으로 전달된다

비즈니스 회의를 주재하거나 면접을 볼 때 긍정적인 결과를 얻으려면
다음과 같은 점을 유의해야 한다.

상대방의 몸짓이나 말투를 따라한다

상대방의 몸짓을 관찰한다. 이를테면 앉은 자세를 확인할 수 있고 팔이나 손을 움직이는 버릇이 있는지도 조심스럽게 살핀다. 특정한 패턴을 찾으면 상대방이 눈치채지 못하게 따라해 본다. 이렇게 하면 상대방은 무의식중에 당신과 동질감을 느낄 것이다. 단, 정도가 지나치면 오히려 부담감이나 거부감을 줄 수 있다. 자신을 놀리거나 비꼬는 것으로 오해하지 않도록 조심한다.

악수를 할 때 기분 좋게 손을 꼭 잡는다

화자의 입장으로 말해야 하는 경우에는 가까이 있는 사람들과 기분 좋게 악수를 나눈다. 아플 정도로 세게 쥐지 말고 확신이나 믿음을 줄 수 있을 정도로 잡으면 된다. 반대로 여성과 악수를 할 때에는 힘을 최대한 빼야 한다고 생각하는 사람들이 있다. 그러나 불쾌감을 주지 않는 범위에서 적당히 힘을 주는 것이 좋은 방법이다. 그러면 상대방을 얕보지 않으며, 비즈니스 동반자로서 존중한다는 메시지를 전달할 수 있다. 대화가 시작된 뒤에는 시큰둥한 태도를 보이지 않도록 조심한다. 말이 아닌 몸짓이나 태도가 대화의 68%를 차지하므로 이 점을 소홀히 여기면 안 된다.

바른 자세를 취한다

말을 할 때는 항상 자세를 바르게 하는 것이 바람직하다. 서서 이야기하든 앉아서 하든 예외란 없다. 손짓을 많이 사용하는 것도 좋은 인상을 줄 수 있다. 이런 면에서 좋은 본보기가 되는 사람은 전 영국 수상 토니 블레어이다. 그는 손바닥이 위를 향하게 하고 양팔을 크게 벌리곤 했다. 이런 몸짓은 숨기는 것이 없으며 모든 것을 포용한다는 느낌을 준다. 손가락으로 지적하는 듯한 행동은 상대방의 기분을 상하게 하거나 오해를 불러일으킬 수 있으므로 '파워 텀(power thumb)'을 활용하는 것이 좋다. 이것은 주먹을 쥔 상태에서 엄지손가락만 뻗쳐서 중요한 점을 이야기할 때 요점에 맞추어 위아래로 움직이는 것이다.

들은 내용을 이해하고 있다는 것을 몸짓으로 보여준다

듣는 사람이 적절한 순간에 고개를 끄덕이거나 옆으로 가로저으면 대화에 주의를 기울이고 있다는 표시가 되므로 말하는 사람은 안심하고 대화를 전개할 수 있다. 상대방에게 귀를 기울이고 있으며 들은 내용을 모두 이해한다는 표정을 짓는 것도 효과적이다. 가끔 맞장구를 치거나 가볍게 대답을 하는 것도 도움이 된다. 그러면 상대방은 흥이 나서 더욱 자세한 사안까지 설명하게 될 것이다.

들은 내용의 요점을 확인 받는다

상대방의 말이 끝나면 자기가 들은 주요 안건들이 맞는지 확인할 수 있다. '그러니까 방금 하신 말씀은……' 또는 '제가 정확히 이해했다면……' 이라는 표현을 사용하면 되겠다. 내가 들은 내용이 정확한 것인지 확인이 되면 상대방의 요점에 맞추어 보다 효과적인 반응을 나타낼 수 있다.

여기까지 왔다면 이제는 당신이 말할 차례이다. 여기에도 몇 가지 중요한 원칙이 있다. 그중에 첫 번째로 조심할 점은 상대방을 제대로 파악하는 것이다.

상대방을 이해하려고 노력한다

기업 대표와 이야기할 때와 평사원과 이야기할 때 상대방이 중요하게 여기는 대화 소재는 분명히 달라진다. 구매부장이 관심을 갖는 분야와 영업부장이 흥미를 갖는 분야도 분명 다르다. 이런 점을 간과하면 상대방의 마음을 사로잡을 수 없으며 결국 거래를 성사시키지 못하거나 심한 경우, 직장을 잃을지도 모른다. 그러므로 앞서 3장에서 살펴본 것처럼, 상대방이 하는 일이나 관심사 등을 먼저 파악해야 한다.

사람마다 권한이나 능력이 다르다는 점을 기억한다. 상대방에게 불가능한 일은 아무리 설득해도 소용이 없다. 그러므로 회의를 준비할 때는 듣는 사람부터 먼저 파악해야 한다. 또한 자신이 원하는 결론에 동의하고 이를 실행에 옮길 실권자를 찾아야 한다.

말하는 내용 못지않게 중요한 것이 있다. 그것은 바로 당신의 말투와 표현력이다. 상대방의 말을 잘 들어보면 그 사람이 어떤 표현을 즐겨 쓰는지, 어떤 방식으로 대화를 이끌어 가는지 알 수 있다. 과학적인 사고를 하는 사람은 사실이나 수치를 기반으로 대화하지만 광고업계에 종사하는 사람은 묘사하는 말, 이를테면 형용사를 빈번하게 사용한다. 이런 특징이 파악되면 상대방의 말투나 대화 스타일을 최대한 따라하려고 노력한다.

아일랜드의 극작가인 윌리엄 버틀러 예이츠는 이렇게 말했다. "현자처럼 생각하고 범인(凡人)처럼 말하라." 여러 사람을 대상으로 말할 때 특히 이 점을 명심해야 한다. 회계 담당자에게 형형색색으로 화려하게 꾸민 수익 그래프를 보여주는 것은 별 효과가 없을 것이다. 그는 정확한 수치로 손익을 대소한 그래프에 더 흥미를 보일 것이기 때문이다.

또한 상대방에 따라 말의 속도나 프레젠테이션의 길이를 조절해야 한다. 늘 바쁜 기업의 중역이 30분 가까이 당신의 말을 들어줄 것이라고 기대해서는 안 된다. 그 사람은 단 몇 분만이라도 시간을 내주는 것이 큰 친절을 베푼 것이다. 중요한 것은 주어진 시간 내에 요점을 설득력 있게 전달하는 것이다. 그러므로 요점을 미리 정리하여 전개방식을 꼼꼼하게 계획해야 한다.

말할 내용을 조리 있게 구성한다

이미 여러 번 강조했지만 이 세상에는 똑같은 사람이 단 한 명도 없다. 그러므로 상대방이 바뀔 때마다 매번 대화의 내용과 방식을 달리해야 한다. 제 2장에서 살펴보았듯 사전 조사야말로 가장 확실하고 안전한 방법이다.

시간에 쫓기는 사람과 대화를 할 때는 요점, 즉 결론을 먼저 전달해야한다. 그렇지 않으면 요점을 미처 전달하기도 전에 상대방이 떠나 버릴지 모른다. 반대로 시간 여유가 있는 사람이라면 먼저 간단한 배경 설명을 한 다음에 요점을 제시해도 좋다. 혹시 상대방이 누구인지 얼마나 오래 대화를 나눌 수 있을지 알 수 없을 때도 있다. 아쉽지만 그럴 때는 대화를 완벽하게 준비하기 어렵다.

또 한 가지 유의할 점은 매끄럽고 논리적인 요점 전개이다. 맥킨지 앤드 컴퍼니(McKinsey & Company, 전 세계적으로 최고의 명성을 자랑하는 회사)의 전(前) 커뮤니케이션 책임자인 바바라 민토(Barbara Minto)의 저서 《피라미드 원칙 The Pyramid Principle》에서는 논리적인 주장 전개를 '연역적 추론'과 '귀납적 추론'으로 구분한다.

연역적 추론 – 이 방법은 간단명료하게 사실 위주의 주장을 펼칠 때 사용한다. 우선 첫 문장에서 요점을 분명히 밝힌다. 예를 들어 상대방에게 재활용의 좋은 점을 납득시키려 한다면 다음과 같이 말할 수 있다.

요점 : '환경 문제가 심각하므로 재활용을 통해 환경을 살려야 한다.'

이제 이 주장을 뒷받침할 수 있는 증거를 차근차근 제시해야 한다. 2차 요점의 기반을 놓고 다시 3차 요점을 통해 2차 요점을 다시 한 번 강조한다. 예를 들면, 다음과 같다.

- 2차 요점 1 : '재활용을 하면 토지를 살릴 수 있다.'
- 3차 요점 1.1 : '매립지를 줄이면 연간 1백만 에이커의 땅을 보전하게 된다.'
- 3차 요점 1.2 : '재활용을 하면 생산해야 할 제품 수량이 줄기 때문에 공장을 적게 지어도 된다. 따라서 연간 150 에이커의 땅을 보전하게 된다.'
- 2차 요점 2 : '재활용을 하면 에너지를 절약할 수 있다.'
- 3차 요점 2.1 : '재활용품을 사용하면 신상품을 만들지 않아도 되므로 전기를 무려 1천만 킬로와트나 절약하게 된다.'
- 3차 요점 2.2 : '뿐만 아니라……'

위와 같은 방식으로 논리를 전개하면 설득력이 매우 강해지며 특히 사실 위주의 요점을 중시하는 사람들의 마음을 얻을 수 있다.

귀납적 추론 – 두 번째 방법인 귀납적 추론 역시 무시할 수 없는 방법이며 특히 사실적인 근거 자료가 부족할 때 매우 유용하다. 하지만 다소 냉소적인 사람들을 대할 때는 위험이 크다. 이와 같은 논리 전개 방식은 친구에게 여러 가지 교통수단 중에서 하나를 고르도록 유도하는 상황을 생각하면 쉽게 이해할 수 있다. 이 방식도 가장 중요한 요점, 즉 결론을 먼저 이야기하는 것으로 시작한다.

요점 : '비행기보다 기차를 타는 것이 훨씬 빠를 거야.'

이렇게 말한 뒤에 현재 상황을 간단히 설명한다.

'물론 소요 시간만 따지면 비행기보다 기차가 오래 걸리지. 하지만 도착시간은 기차가 훨씬 빨라.'

그 다음에 이렇게 말할 수 있다.

'내가 시간을 확인해 봤는데, 지금 공항엔 연착된 비행기가 많아. 그리고 여기서 공항까지 가는 데에도 시간이 많이 걸려.'

그 다음에 이렇게 말해서 상대방의 행동을 촉구할 수 있다.

'따라서 기차를 타면 30분이나 일찍 도착할 수 있어. 시내까지 가는데 택시를 타지 않아도 되고 비행기처럼 연착되는 일도 없지. 공항에서 체크인을 하거나 여권을 들고 길게 줄을 서서 시간을 낭비하는 일도 없을 거야.'

자신이 아는 사실을 얼마나 효과적으로 활용하느냐에 따라 상대방의 호응도 크게 달라진다. 결국 말하는 사람에 따라 결과가 좌우된다. 논리를 전개하는 방식을 정한 뒤에는 이야기의 구성방식을 본격적으로 만들어 간다. 이야기를 구성하는 방식도 매우 다양하므로 최적의 결과를 얻기란 매우 복잡하고 까다로운 일이다.

프레젠테이션을 꼼꼼하게 준비하여 실수 없이 진행한다

스티브 잡스는 파워포인트를 활용한 화려한 프레젠테이션의 달인이라

불린다. 그는 프레젠테이션에 성공하기 위해 꼭 지켜야 할 원칙 몇 가지를 제시한 바 있다. 먼저 슬라이드 한 장 한 장마다 지켜야 할 낱말의 개수가 있다. 무슨 일이 있어도 최대 오십 글자를 넘지 않도록 한다. 물론 여기에는 자료를 인용할 때 반드시 포함해야 할 출처는 포함되지 않는다. 이 원칙을 지키기 위해 계속 연습하면 간결하게 요점을 말하는 기술이 향상된다.

이것이 전부가 아니다. 누구나 한눈에 읽을 수 있도록 심플한 글자체를 사용해야 한다. 뿐만 아니라 헤드라인 즉 제목은 눈에 잘 띄어야 한다. 헤드라인은 슬라이드의 내용 전체를 요약한 것이므로 슬라이드의 내용을 언급한 이유를 분명히 드러내야 한다. 이렇게 생각하면 된다. 어떤 CEO가 매우 바빠서 슬라이드 전체를 제대로 보지 못하고 헤드라인만 훑어본다면, 그렇게 하고도 요점을 파악할 수 있을 것인가? 당신이 전달하려는 요점과 제안까지 빠짐없이 전달되었는가? 만약 그렇게 했는데도 전달이 잘 되었다면 기대했던 목적은 무사히 달성한 것이다.

'천 마디 말보다 그림 하나가 더 낫다'는 옛말이 있다. 그만큼 그림은 주제를 전달하는 효과가 크다. 물론 슬라이드마다 일일이 그림을 넣기란 불가능하다. 프레젠테이션의 특성상 그림을 아예 사용할 수 없는 경우도 있다. 물론 프레젠테이션에 유머를 가미하고자 그림을 사용할 때도 있다. 하지만 가장 중요한 점은, 연구 조사에서 밝혀졌듯이 설득력 있는 논증이 그림과 결합되면 나중에 말만 들어도 요점이 분명히 기억날 확률이 무려 75%나 된다는 사실이다.

혹시 울렁증 때문에 사람들 앞에 서면 말이 빨라지거나 할 말을 다 잊어버리는가? 다행히 해결책이 있다. 연습을 하면 이런 증상은 극복할 수 있다. 말이 빨라지는 사람은 말을 천천히 하는 연습을 계속해야 한다. 장황한 표현이 유난히 많은 신문 기사를 구한 다음 매일 소리를 내서 천천히 읽는 연습을 한다. 온몸의 긴장을 풀고 말이 빨라지지 않도록 의식적으로 노력한다. 시간이 흐르면 천천히 말하는 방식이 몸에 배어 프레젠테이션을 할 때 한층 자연스러워질 것이다. 또 다른 방법은 프레젠테이션 직전에 숨을 천천히 고르는 것이 도움을 줄 수 있다. 손으로 입을 가린 상태에서 숨을 깊이 들이마셨다가 내쉬는 것이다. 세 번 정도 깊이 들이마시고 열 번으로 나누어서 뱉는다. 그러면 심장 박동이 느려지고 긴장이 풀려 편안한 마음으로 프레젠테이션을 시작할 수 있다.

프레젠테이션을 하는 자리에 간단한 메모를 들고 올라가는 것은 부끄러운 일이 아니다. 여기서 중요한 점은, 메모 하나에 세 단어 이상을 쓰지 말아야 한다는 것이다. 해야 할 말을 빨리 생각나게 해주는 단어만 메모해 둔다. 대본을 읽는 것처럼 줄줄 낭독하느라 청중의 반응을 살피지 못하거나 시선을 맞추지 못하면 곤란하다.

이메일은 신중하게 작성한다

이메일 사용량이 급증하면서 새로운 문제점이 속속들이 발견되고 있다. (48쪽의 '이메일 작성 시 유의할 점' 참고) 하지만 크게 걱정하지 않아도 된다. 첫 문장에서 이메일을 보내는 이유를 분명히 밝히면 상대방도 요점을 금세 파악할 것이고, 메일을 작성하는 사람도 횡설수설할 가능성이 줄어든다.

글이란 각 문단을 어떻게 구성하느냐에 따라 이해도가 크게 달라진다. 가능하면 중요한 사항을 '•기호'로 정리할 수 있다. 또한 오해를 일으킬 소지가 있으므로 단어는 임의로 축약하지 않도록 한다. 요즈음 SNS 메시지를 사용할 때 이모티콘이나 약어를 많이 사용하지만 이메일에서는 좋지 않은 방법이다. 또한 스펠링과 문법 체크 기능을 활용하여 사소한 실수가 없도록 한다.

그러나 이메일에서 가장 중요한 것은 한번 보낸 자료가 영구 보관될 수 있다는 것이다. 보내기 버튼을 누른 후에는 네트워크에 저장되므로 실수를 해도 삭제하거나 취소하는 것이 거의 불가능하다. 《놓치고 싶지 않은 나의 꿈 나의 인생 Think and Grow Rich》의 저자인 나폴레온 힐 (Napoleon Hill)은 이렇게 말한 적이 있다. "누군가의 험담을 늘어놓고 싶으면 바닷가에 가서 모래 위에 쓰세요." 이 말은 디지털 시대에 반드시 마음에 새겨야 할 원칙이다. 이메일로 보낸 것은 영구적으로 남는다. 그러므로 단어 선택에 각별히 주의해야 한다.

오프라 윈프리 방식의 의사소통

오프라 윈프리는 토크쇼로 사람의 마음을 움직여 의사소통이 이뤄지게 만드는 재주가 뛰어난 언론인이다. 그녀는 흑인 출신으로는 최초로 십억 달러 이상의 부를 쌓았으며, 전 세계적인 명성을 얻은 여성이기도 하다.

그녀는 1954년에 매우 가난한 가정에서 태어났다. 어린 시절에는 학대를 받은 상처가 있었지만, 시를 암송하면서 사람들 앞에서 말하는 실력을 키웠다. 십대 시절에 웅변대회를 휩쓸었고 테네시 주립 대학에 장학생으로 입학하여 커뮤니케이션을 전공했다. 그녀는 18세의 어린 나이에 빛을 발하기 시작했다. 뉴스 앵커로 활약하다가 'AM 시카고' 라는 토크쇼 프로그램의 진행을 맡았다. 그녀의 인기와 독특한 그녀만의 소통 방식 덕분에 이 프로그램은 큰 인기를 얻었으며, 결국 오프라 윈프리 쇼로 이름을 바꾸어 미국 최대의 인기 프로그램으로 자리매김했다.

그녀의 소통 방식은 기존 토크쇼의 구성 방식을 완전히 바꿔 놓았다. 대표적인 특징 몇 가지는 다음과 같다.

- 감정이입 – 상대방의 말에 귀를 기울이며 대화에 적극적으로 참여하는 소통 방식을 취한다. 오프라 윈프리는 1993년에 마이클

잭슨을 인터뷰할 때 감정이입의 기술을 멋지게 구사했다. 당시 전 세계적인 인기를 누리던 마이클 잭슨과의 인터뷰는 TV 프로그램 역사상 가장 높은 시청률을 기록했으며, 오프라 윈프리의 활약 덕분에 마이클 잭슨의 불우했던 어린 시절에 관한 이야기를 들을 수 있었다.

- 자신감 – 당당하게 말하는 태도는 불신이나 미덥지 않은 느낌을 한번에 일축하는 효과가 있다. 그녀는 조지 부시 전(前) 대통령을 인터뷰할 때 자신감을 갖도록 독려하여 대통령으로서 힘든 결정을 내려야 할 때 어떻게 대처했는지 털어놓게 했다.

- 개방성 – 오프라 윈프리는 자신의 이야기를 거리낌 없이 털어놓기 때문에 많은 사람들이 그녀에게 친근함과 편안함을 느낀다. 특히 성적 학대라는 주제를 논할 때 그녀는 눈물을 흘리면서 자신이 어린 시절에 성폭행을 당한 경험이 있다고 밝혔다. 그녀의 이야기는 굉장히 큰 반향을 불러일으켰으며, 〈월스트리트저널〉은 여러 사람들 앞에서 자신의 아픈 기억을 털어놓는 것이 일종의 치료책이 될 수 있다는 뜻으로 '오프라피케이션(Oprahfication, 오프라 되기)'이라는 신조어를 소개했다.

- 솔직함 – 그녀의 솔직한 대화 기법은 인기의 비결이 되었다. 오프라 윈프리는 사람들이 조심스럽게 생각하는 질문을 거리낌 없이 제기하며 때때로 상대방이 당혹스러울 정도로 공격적인 질문을

한다. 예를 들면, 제임스 프레이(James Frey)가 토크쇼의 게스트로 출연했을 때 그의 저서인《수백만 개의 조각 A Million Little Pieces》의 오류를 거침없이 지적했다.

- **진정성** – 그녀가 이야기하는 표정이나 몸짓을 보면 가식이 전혀 없다는 점을 느낄 수 있다. 실제로 오프라 윈프리는 텔레비전 방송 중에 친동생을 극적으로 상봉하는 등 이례적인 상황을 많이 보여주었다.

오프라 윈프리는 불과 32세에 자신의 이름을 딴 토크쇼로 큰 명성을 얻었으며 백만장자의 대열에 올랐다. 또한 출판업계에 뛰어들어서 〈오프라 매거진 Oprah Magazine〉, 〈오 엣 홈 Oh at Home〉이라는 잡지를 발간했다. 2006년에 시작한 오프라 라디오 방송국은 계약금이 무려 5,500만 달러에 육박하는 것으로 알려졌다. 오프라닷컴(Oprah.com)은 조회 수가 평균 7천 건을 상회하며 매달 600만 명 이상의 사용자들이 찾고 있다. 2009년에는 OWN이라는 방송 네트워크를 설립하여 7,000만 가구 이상의 시청자를 확보했다. 이와 같이 오프라는 온·오프라인의 방송 매체를 모두 섭렵하여 언제 어디에서나 만날 수 있는 방송인으로 확실히 자리매김했으며 뛰어난 말솜씨로 많은 시청자들의 사랑을 받고 있다. 오프라 윈프리 쇼는 2011년 5월 25일자로 방송을 끝냈지만 오프라 윈프리의 인기와 영향력은 지금까지도 조금도 사그라지지 않았다. 2011년까지 산출된 통계에 의하면 그녀의 연간 수입은 약 2억 9천만 달러로 추정되며 개인 재산은 27억 달러라고 한다. 오바마 대통령도 "미국에서 가장 영향력 있는 여성"이라며 그녀의 의사소통 능력을 크게 칭찬했다.

✔ 요점 정리

비즈니스 세계에서 성공하려면 효과적인 소통방식의 기술을 발전시켜야 한다. 타고난 재능이 없으면 안 된다는 생각은 버려야 한다. 소통방식의 기술은 누구나 배울 수 있는 것이며 연습을 통해 완벽을 기할 수 있다. 오스카(Oscar) 수상작인 〈킹스 스피치 King's speech〉라는 영화를 보았다면 이 점에 크게 공감할 것이다.

제대로 성공하고 싶다면 우선 대화의 상대가 누구인지 정확히 알아야 한다. 상대방이 어떤 내용에 관심이 있으며, 어떤 방식으로 이야기할 때 마음을 열 것인지 파악하는 것은 매우 중요한 문제이며, 프레젠테이션 준비과정에서도 반드시 다루어야 한다. 그러면 메시지를 전달하는 매체를 고르거나 논리를 전개하는 방법을 정할 때 도움이 된다. 뿐만 아니라 어조, 표정, 몸가짐 등에서 당당함을 잃지 않도록 한다. 이 장에서 배운 내용을 충실히 따른다면 당신도 분명 효과적인 의사소통을 할 수 있다.

제 5장

::

감정이입

66 친절을 보이면
사람들은 결국 당신의 편이 될 것이다. **99**

아니타 로딕

감정이입이 중요한 이유

자기 자신을 잘 안다고 해서 자신을 알리는 데 반드시 성공하는 것은 아니다. 상대방을 설득하여 자신의 아이디이, 상품, 서비스 등을 구매하게 만들려면 먼저 상대방을 제대로 파악해야 한다. 학벌이 화려하고 똑똑한데다 매사에 열정적이고 유머 감각까지 겸비한 재원이라면 성공은 따 놓은 당상이라고 생각할지 모른다. 그러나 이런 사람들도 최고의 리더가 되려면 '소프트 스킬(soft skill, 기업 조직 내에서 커뮤니케이션, 협상, 팀워크, 리더십 등을 활성화할 수 있는 능력)'을 갖춰야 한다.

영국 수상을 지낸 토니 블레어도 2012년 올림픽 유치를 목표로 활동하면서 이 점을 강조한 바 있다.

회의를 하다 보면 말하는 것 못지않게 듣는 것이 중요하다는 점을 새삼 느낄 때가 많다. 정치는 물론이고 인생을 성공적으로 살아가려면 무엇보다도 입을 다물어야 하는 순간을 정확히 파악해야 한다. 본래 사람은 자기의 말을 들어주는 이를 찾으려는 심리가 강하다. 이것은 평생을 찾아다녀도 끝이 없는 여정이다. 자신의 말을 잘 들어주고 존중해 주는 사람을 만나면 커다란 기쁨을 느낀다. 이 원칙은 언제 어디서나 적용된다. 아니, 엄밀히 말하면 중요한 일을 논하는 순간일수록 이 원칙은 더욱 빛을 발한다. 나는 기업 총수나 다른 나라의 대표자를 만날 때 항상 경청하는 입장에 선다. 그들이 말을 많이 하도록 여러 가지 질문도 한다. 어떤 회의에서 내가 말을 한 시간보다 상대방의 말을 들어준 시간이 더 길면 그 회의는 성공한 것이다.

– 토니 블레어의 저서, 《여정 A Journey》, 2010년

세계화 현상이 가속화되면서 팀워크 위주의 업무 처리 방식이 계속 강조되고 있다. 비즈니스맨, 리더, 평범한 회사원 또는 어떤 불특정의 한 사람이 그럴듯한 학벌과 경력을 갖춘 것만으로는 성공할 수 없다. 대니엘 골먼(Daniel Goleman)이 저술한 《사회적 지능 Social Intelligence》에서는 인지적, 감정적, 신체적 능력을 총동원하여 '주변 사람과 공감할 줄 알아야 하며…… 더 나아가 상대방도 모르는 사이에 그 사람에게 꼭 필요한 도움을 주거나 그가 발전할 수 있도록 힘을 보태야 한다'고 알려준다.

5장에서 배울 점

감정이입을 발전시키기 위하여 아래와 같은
점들을 공부해 보자

- EQ를 높이는 요령
- 감정이입이 비즈니스에 도움이 되는 이유
- 감정이입의 효과
- 감정이입 기술의 실제
- 감정이입을 발전시키는 5단계

감정이입이란 무엇인가?

'감정이입'에 해당하는 영어 단어는 라틴어 및 그리스어에서 기원한
것으로 '꿰뚫어 보다' 또는 '상대방의 눈'이라고 번역할 수 있다. 즉, 이
단어는 다른 사람의 마음을 읽는 능력이라고 정의할 수 있으며, 상대방
의 생각 또는 그 사람이 처한 입장을 이해하거나 파악한다는 뜻도 된다.
여기서 '이해' 또는 '파악'이란 인식의 수준을 초월한 것으로, 자신의 경
험을 토대로 상대방의 입장에 서서 그 사람이 어떤 느낌을 받을지 미루
어 짐작할 수 있는 능력을 가리킨다. 따라서 감정이입에는 잘 듣는 것,
상대방이 필요로 하거나 원하는 것을 마련해 주는 것, 보다 가까운 인간
관계를 구축해 가는 것이 포함된다.

EQ를 높이는 요령

EQ(Emotional Quotient)란 '감성지수' 또는 '감정적 지능지수'를 말
한다. 이것은 자신의 감정과 상대방의 감정을 파악하고 두 감정의 차이
가 무엇인지 분별하며, 이러한 이해를 바탕으로 상대방의 생각이나 행동
을 바꿀 수 있는 능력이다. 그저 감성이 풍부하거나 자신의 감정을 적절
히 통제하는 능력을 뜻하는 것이 아니다. 엄밀히 말하면 감정에 호소해
서 도움이 되는 상황과 그렇지 않은 상황을 정확히 분간하는 능력이
EQ이다.

보이애치스(Boyatzis) 교수와 맥키(McKee) 교수가 2001년에 실시한
연구 결과는, EQ가 높은 사람은 정보를 많이 공유하고 있으며, 상호 신
뢰가 높고, 건전한 범위 내에서 위험을 감수하려는 의지가 강하다. 또한
학습 능력이 뛰어나고 EQ가 낮으면 두려움이나 걱정에 쉽게 영향을 받
는다고 알려준다. 뿐만 아니라 대니엘 골먼도 본인의 저서인《감성 지능
Emotional Intelligence : Why It Can Matter More Than IQ》,《감성
지능의 작용 Working With Emotional Intelligence》에서 EQ가 높을수

록 기업에서 책임 있는 위치에 오를 가능성이 높다고 기술했다. 그는 소위 말하는 인기 리더가 되려면 분석 능력이나 해당 분야에 대한 전문성보다 감성 지능이 두 배 이상 중요하다고 강조했다. 얼마 전에 버락 오바마 대통령이 대법원장 후보를 선택하는 기준으로 '감정이입'을 포함시킨 것도 이 점을 뒷받침해 준다. 오바마 대통령은 "우리가 원하는 인재는 마음이 따뜻하고 감정이입을 잘 하는 사람입니다. 이를테면 십대 미혼모의 심정을 헤아려 줄 수 있는 사람 말입니다."라고 덧붙였다.

골먼은 감성지능에 필요한 다섯 가지 요소를 다음과 같이 정리했다.

- **자기 이해** −먼저 자신을 제대로 이해해야 한다. 자신의 장점과 단점, 감정을 객관적으로 이해하고 더 나아가 그와 같은 자신의 특징이 상대방에게 어떤 영향을 주는지 알아야 한다. 이러한 것들은 상대방을 이해하기 위한 출발점이 된다.

- **자기 관리** − 자신의 감정이나 충동을 적절히 통제하는 능력이다. 자신의 감정을 잘 아는 것도 중요하지만 날카로운 판단력과 인내심을 발휘하여 적절한 순간에 감정을 표현하되 정도가 지나치지 않아야 한다.

- **동기 부여** − 어려움이나 실패를 겪는 일이 있어도 목표에 집중하면서 계속 나아가는 능력을 말한다. 강한 동기를 가진 사람은 쉽게 낙담하거나 자신감을 잃지 않는다.

- **사회적 인식** − 다른 사람을 이해하는 능력이다. 동정심이 많고 인간

의 본성을 잘 알면 손쉽게 상대방과 감정적인 유대관계를 형성할 수
있다.

- 사회성 – 타인과 적절히 어울리는 능력을 말한다. 여기에는 자신이
  나 상대방의 부정적인 특성에 좌우되지 않으면서 문제를 해결하는
  능력도 포함된다.

감정이입이 비즈니스에 도움이 되는 이유

감정이입이 인간관계에만 도움이 된다는 생각은 일찌감치 버려야 한
다. 감정이입이 비즈니스에서 매우 중요하다는 사실이 수많은 연구를 통
해 증명되었기 때문이다. 감정이입은 판매량 및 생산성 증대, 기업의 성
과 향상에 직접적인 영향을 주므로 성공적인 리더라면 반드시 지녀야 할
필수적인 조건이다.

감정이입 기술을 발휘하면 상호 신뢰에 크게 도움이 된다. 감정이입이
부족한 사람은 변화에 필요한 융통성이 부족하다고 해도 과언이 아니다.
또한, 이런 사람들은 팀워크 환경에 제대로 적응하지 못하며 자신을 알
리는 데에도 어려움을 겪는다. 한마디로 EQ는 모든 직종을 막론하고 비
즈니스맨에게 반드시 필요한 자질이다.

- 관리자나 리더는 EQ가 높아야 한다. 그래야 대중에게 기업을 효과
  적으로 홍보할 수 있고, 직원이나 기업 외부의 사람들과 원활하게
  의사소통을 할 수 있으며 직원들의 사기를 북돋아 줄 수 있다. 감정

이입을 잘하는 리더는 직원들의 필요를 정확히 판단하여 발전적인 방향의 피드백을 제공하게 된다.

- 세일즈를 하는 사람은 고객의 기분이나 감정을 판단해야 하므로 EQ 가 높아야 한다. 대인관계 기술을 발전시켜 상품을 적극적으로 홍보 해야 할 순간과 말을 아껴야 할 순간을 구분하는 것도 중요하다.
- 예술가나 프로 스포츠 선수로 활약하는 사람도 어려운 시기에 무너 지지 않고 자기 관리를 하려면 무엇보다 감정 조절을 잘해야 한다.

감정이입의 효과

이제 감정이입 기술이 얼마나 중요한지 충분히 이해했을 것이다. 그렇다면 감정이입은 어떤 방법으로 상대방의 마음을 움직이게 하는 것인가? 감정이입은 생각이나 감정을 바꾸는 하나의 과정인가 아니면 특정한 행동, 감정 또는 생각을 가리키는 것인가? 이러한 질문에 대한 대답은 간단하다. 여기에는 심리적인 반응과 인지적 요소가 모두 관련된다. 자기 이해, 감정 조절과 같은 인지적 능력도 감정이입에 꼭 필요한 특성이라고 말하는 전문가들도 있다.

J. 디세티(Decety) 박사와 Y. 모리구치(Moriguchi) 박사가 2007년에 발표한 〈바이오사회심리학 연구 BioPsychoSocial Medicine〉에서는 감정이입의 네 가지 요소를 다음과 같이 정리했다.

1. 사고의 유연성과 상대방의 관점 수용 – 상대방의 느낌을 이해하고

그 사람이 무슨 생각을 하는지 미루어 짐작하여, 그 사람의 입장에서 사물을 바라보고 판단할 수 있는 능력이 인지적 능력이다.

2. **감정적 공유** – 상대방이 겪는 상황을 '적극적으로 이해' 하여 그 사람의 감정과 온전히 일치가 되는 상태를 말한다. 옆 사람이 웃으면 자기도 모르게 따라 웃거나 우는 사람을 보면 자기도 모르게 슬픈 감정이 복받치는 현상은 감정적 공유의 대표적인 사례가 된다. 이처럼 다른 사람이 겪는 일에 본능적으로 즉각적인 반응을 나타낼 수 있는 이유가 무엇일까? 다른 사람의 특정한 감정을 우리는 어떻게 알아차릴 수 있는 것일까?

2009년에 기능성 자기공명영상(fMRI) 기법으로 인간의 뇌에 대한 연구가 진행되었다. 연구팀은 피실험자에게 감정적으로 큰 충격이나 변화를 겪는 사람들의 모습을 영상으로 보여주었다. 그러자 피실험자의 뇌에서 두 부분이 눈에 띄게 활성화 되었다. 하나는 영상에 나타난 스토리텔러의 감정을 '거울처럼 고스란히 반영' 하는 부분이었고, 다른 하나는 스토리텔러의 감정을 이해한 것으로 처리하여 자신의 말로 표현하는 부분이었다. 영상에 등장한 사람들의 감정에 반응을 보인 부분은 '거울 뉴런' 이라고 하는데, 얼굴 표정과 같이 감정을 드러내는 부분을 자동으로 모방한다. 이곳에 있는 두 뇌 세포 또는 뉴런은 의식적으로 다른 사람의 감정을 모방할 때 활성화 된다.

지금 카페에서 편안한 자세로 라떼를 마시며 주변 사람들을 둘러본다는 상상을 해보자. 갑자기 맞은편 테이블에 앉은 여자가 뜨거운 차를 엎질러 손을 데었다면 당신은 분명 '저 여자가 지금 얼마나 아플까?' 라는 생각이 들었을 것이고 또한 그 여자가 측은하기까지 할 것이다. 이렇게 전혀 모르는 사람이지만 정황상 동정심이 생기는 것이 자연스러운 일이다.

3. 자기 이해 – '자신'의 경험과 다른 사람의 경험을 구분하는 능력이다. 위에서 살펴본 거울 뉴런 현상은 자신과 타인을 동일시할 정도로 강한 착각을 불러일으킬 수 있다.

4. 감정 조절 – 거울 뉴런 현상의 부작용을 극복하려면 자신의 감정을 적극적으로 통제해야 한다. 감정 조절이 미숙하면 인간관계에 큰 타격을 입을 수 있다.

힌트박스

▶ **자기 이해와 감정 조절은**

사회 복지 분야에서 일하는 사람들에게 꼭 필요한 특성이다. 이런 분야에서는 전문가로서 도움을 줄 수 있는 한계와 개인적인 감정의 한계가 불분명하기 때문이다. 자신이 돌보는 사람들에게 적절한 한계를 두지 않고 대하거나 지나치게 가까이 다가서면, 상대방에게 불쾌감을 줄 우려가 있으며 결국 상대방에게 도움을 주기는커녕 스스로를 지치게 만들 수 있다.

감정이입 기술의 실제

감정이입도 학습이 가능할까? 상호 신뢰와 정서적 관계를 구축하는 능력을 어떻게 배울 수 있을까? 사람은 누구나 일정 수준의 감성 지능을 타고난다. 타고난 감성 지능이 얼마나 높은가에 따라 학습 효과나 학습 능력도 조금씩 달라진다. 연구 결과에 의하면 학습을 통해 감성 지능을 높일 수 있으며 이렇게 길러진 지능은 상당히 오랜 기간 지속된다고 한다. 실제로 나이가 많은 사람들은 전반적으로 감성 지능이 높은 편이다. 인생 경험이 감성 지능 학습에 도움을 준다는 증거이다. 다양한 상황을 접할수록 상대방을 이해하는 폭, 즉 '그 사람의 입장에서 생각하는' 폭이 넓어진다. 지능 지수는 시간이 흘러도 크게 변하지 않지만, 감성 지수는 의식적으로 노력하면 얼마든지 개선할 수 있다. 이제 감성 지수를 높이는 몇 가지 방법을 살펴보기로 하자.

감정이입을 발전시키는 5단계

1. 상대방의 감정을 이해하기 위해 충분한 시간을 투자한다. 감정이입이란 상대방에 대한 배려이며 그들의 감정을 이해하고 공감하는 일이다. 상대방이 하는 말, 표정이나 몸짓을 주의깊이 관찰하거나 말로 표현하지 않은 생각이나 느낌을 미루어 짐작하다 보면 감정이입이 된다. '이 사람이 지금 어떤 기분일까?', '방금 한 말은 무슨 뜻이지?'라고 생각해 보라. 세일즈맨이라면 이런 식으로 고객의 마음

을 알아낼 수 있다. 고객은 자기 마음을 알아주는 사람을 믿고 따르기 마련이다. 관리자 역시 감정이입을 나타낼 때 직원들과 좋은 관계를 누릴 수 있고, 적절한 방법으로 그들에게 열심히 일하려는 동기를 부여할 수 있다.

2. 상대방의 눈을 통해 세상을 바라본다. 상대방의 기분을 파악했다면 이제는 '그 사람의 입장'에서 생각해야 한다. '내가 저 사람의 처지라면 지금 어떤 기분일까?' 라고 상상하면 된다. 또한 상대방의 기분을 충분히 이해하고 있다는 것을 적극적으로 알려주어야 한다. 세일즈를 하는 사람, 관리자, 의사에게는 이 기술이 꼭 필요하다. 그래야 상호간의 믿음이 형성되어 매출이나 업무 생산성을 높일 수 있다.

힌트박스

1. 취미, 가족, 희망사항, 어렵다고 느끼는 점 등을 물어본다.
   "흥미롭네요. 좀 더 자세하게 말씀해 보세요."
   "아, 그러시군요. 제가 미처 몰랐습니다. 괜찮다면 좀 더 듣고 싶네요."
   "궁금증이 생기네요. 좀 더 깊이 이야기를 나눌 수 있으면 좋겠어요."
   "이 문제에 대해 어떻게 생각하세요? 혹시 걱정하는 부분이 있습니까?"

2. 상대방의 말에 귀를 기울이되, 표정이나 몸짓, 어조 등을 자세히 관찰한다.

3. 섣불리 판단하지 않고 끝까지 경청한다.

적극적으로 듣는 자세를 보인다. 상대방이 한 말을 자신이 제대로 이해
했는지 확인하는 질문을 가끔 사용할 수 있다.

상대방이 말하는 도중에 불쑥 끼어들거나 화제를 바꾸지 않도록 주의한다.

상대방이 이야기할 때 온전히 집중한다. 이메일을 확인하거나, 전화를 하
거나, 다른 생각을 하는 것은 바람직하지 않다.

말을 많이 하지 않는 사람에게는 질문을 하거나 이야기를 하도록 적극적
으로 권유한다.

3. 한번 더 생각하고 행동한다. 리더 역할을 하거나 상대방이 마음을
바꾸도록 설득하려면 먼저 자신의 감정을 정확히 파악하고 이를 효
과적으로 통제해야 한다. 감정적으로 예민한 상황에서는 특히 주의
해야 한다. 자칫하면, 실수를 범할 수 있으므로 속도를 늦추어 차분
히 생각한 후에 행동으로 옮겨야 한다. 자신의 말이나 행동이 상대
방에게 어떤 반응을 불러일으킬지 미리 헤아려 본다. 중요한 것은
내가 원하는 반응을 이끌어내는 것이다. 반응이 너무 빨리 나오면
상대방은 전혀 공감을 얻지 못한 것으로 느낄 수 있다. 표정이나 몸
짓, 말투 등까지 세심하게 신경을 써야 하는 것은 물론이고 어떤 방
식으로 표현할 것인지도 곰곰이 생각해 봐야 한다.

4. 감정 표현은 상대방의 행동을 촉구하는 효과가 있다. 감정이입의

목적은 상대방이 올바른 결정을 내리도록 돕는 것이다. 예를 들어, 직장에서 어떤 변화를 도모할 때 팀원들이 행동을 취하게 하려면 리더는 약간의 긴장감을 조성할 수도 있다. 이처럼 상대방에게 적절한 비전을 제시하고 대화에서 감정이입을 나타내면서 상황에 맞게 긍정 또는 부정적인 감정을 사용할 필요가 있는 것이다.

5. 감정이입은 매출을 올리는 데 도움이 될 수 있다. 중요한 구매 계약을 권할 때 감정이입은 매우 중요하다. 실제로 5천 파운드 이하의 저가 상품이나 서비스의 매출 실적이 높은 사람에게 5천 파운드를 훌쩍 넘는 고가의 상품을 맡길 경우 예전과 같은 뛰어난 실적을 기대하기가 쉽지 않은 편이다. 시계처럼 비교적 단순한 제품은 고객의 눈을 자극한 뒤에 주요 특징이나 장점을 알리면 쉽게 팔 수 있다. 왜 그럴까? 고객들은 가격이 낮은 제품을 살 때 복잡하게 생각하지 않기 때문이다. 하지만 부동산을 매입하거나 컨설팅 서비스와 같은 고액의 서비스를 요청할 경우에는 구매자들이 신중을 기하며 까다롭게 따지기 시작한다.

그러므로 큰 계약을 성사시키려면 고객의 필요를 철저히 파악하지 않거나, 무턱대고 상품이나 서비스의 장점을 열거하는 실수를 범하지 말아야 한다. 고객은 당신이 먼저 자신의 문제점이나 필요로 하는 것이 무엇인지 정확히 파악하고 있을 때 비로소 제대로 된 해결책을 내놓을 수 있다고 믿기 때문이다. 그러므로 문제를 파악하는 단계가 끝나기 전에 해결책을 내놓으면 거부감을 느낄 수 있다. 다들 세일즈는 '반론을 극복하는 것(objection handling)'이라고 생각하지만 진정한 세일즈는 반론이 아예 발생하지 않게 대처하는 것이다.

고객의 필요를 파악하는 것은 고난이도의 기술이므로 터득하는 데 시간이 오래 걸린다. 우선 고객을 만나서 여러 가지 질문을 하는 것으로 시작할 수 있다. "귀하께서는 사업과 관련해서 어떤 목표나 기대를 가지고 계십니까?"라든가 "이번 거래가 귀하의 사업에 어떤 영향을 줄 거라고 생각하십니까?", "이 문제를 해결하면 귀하의 사업에 큰 도움이 됩니까?"라고 말할 수 있다. 감정이입을 시도하고 상대방의 입장에서 판단하려고 노력하면 고객의 생각과 필요를 속속들이 알아낼 수 있다.

사례 연구 ::
감정이입의 본보기, 아니타 로딕

보디숍의 창립자인 아니타 로딕은 화장품업계에서 모르는 사람이 없는 거물이며 영국을 대표하는 여성 사업가이다. 그녀는 획기적인 화장품 판매 방법을 개발했으며 환경보호 및 여성의 권리 신장에도 큰 관심을 가지고 있었다. 아니타 로딕의 성공 비결은 감정이입에서 출발한다. 그녀는 고객들의 기분이나 감정을 철저히 분석한 결과, 동물에게 임상 실험을 하지 않은 화장품을 원한다는 사실을 발견하고 보디숍이라는 브랜드를 만들었다. 더 나아가 직원들과 기업 외부의 사람들에게도 감정이입을 나타내어 가치 기반의 기업을 구축했다. 그녀의 투철한 책임감 덕분에 보디숍은 각종 사회 문제 및 환경 문제를 적극적으로 지원하는 기업이라는 명성을 얻었다. 찰스 힐(Charles Hill)과 가레스 존스(Gareth Jones)가 2006년에 집필한 《전략적 경영 Strategic Management》에서는 아니타의 경영 철학을 이렇게 요약했다. "수익을 올리거나 일자리 창출에 기여하고 품질이 좋은 상품을 공급하는 데에만 몰두하는 기업은 바람직하지 않다. 모름지기 기업은 노숙자, 실직, 고립된 계층과 같은 주요 사회 문제를 해결하는 데 적극적으로 나서야 한다."

초반의 성공

아니타 로딕은 1942년 영국의 리틀햄턴에서 태어났다. 그녀의 부모는 이민자였으며 네 자녀를 두고 있었다. 아니타는 부모님이 운영하던 카페 일을 도우면서 교사가 되려는 꿈을 키웠다. 하지만 학교를 졸업한 후엔 여행자금을 모으려고 여러 직업을 떠돌아다니며 많은 경험을 했다. 그러다 마침내 1976년에 그녀는 고대 여성들이 사용하던 클렌징 성분으로 화장품을 만들어 보디숍이라는 이름을 붙였다. 그동안 세계 곳곳을 여행하면서 보고 들은 것이 화장품 사업의 밑거름이 되었다. 보디숍이 초반에 성공할 수 있었던 이유는 독특한 틈새시장이 었다. 당시 화장품업계는 과학 기술의 발전을 앞세운 피부 관리법을 떠들썩하게 거론했으나 아니타는 자연 성분의 화장품을 원하는 여성들이 많다는 점에 착안했다.

윤리적인 사업 방식

보디숍은 동물 임상실험을 금지하고 제3세계 국가에서도 공정한 거래를 해야 한다고 주장한 최초의 기업이었다. 당시 화장품업계의 기업들은 돈이 아무리 많이 들어도 예뻐지기만 하면 된다는 식의 논리를 펼쳤으나 보디숍은 윤리적인 원칙을 준수했다. 이 점은 부유층의 중년 여성들의 마음을 사로잡았다. 뿐만 아니라 보디숍의 제품을 구매하면 환경 보호에 기여할 수 있다는 광고 역시 고객들의 마음을 여는 데 크게 기여했다.

1984년에 영국 전역에 보디숍 프랜차이즈 매장이 문을 열었고 4년 후인 1988년에는 뉴욕시에 첫 번째 보디숍 매장이 등장했다. 1997년 무렵에는 47개국에 진출하여 총 1,500개의 매장을 열 정도로 성장을 거듭했다.

감정적인 유대를 형성하다

그러나 1990년대 중반 무렵부터 경쟁사에 위협을 느낀 보디숍은 처음으로 대대적인 광고를 시작했다. 광고에 등장한 루비라는 인형은 꽤 풍뚱한 편이었다. 놀랍게도 광고 포스터에는 다음과 같이 파격적인 문구가 등장했다. '이 세상에 사는 30억 명의 여성들 중에 슈퍼모델 같은 몸매를 가진 사람은 8명밖에 안 될 겁니다.' 이 광고는 무조건 마른 몸매가 아름답다고 생각하는 기준을 거부한 데서 그치지 않고 '통통한 여성'도 아름다울 수 있다는 새로운 개념을 제시했다. 이로써 보디숍은 패션업계를 오랫동안 지배해온 기준, 즉 모든 여성들이 지향하는 이상적인 개념을 정면으로 거부했다. 이후에 나온 광고에서는 가정 폭력과 노화를 주제로 삼았다. 이번에도 아니타 로딕의 뛰어난 감정이입 기술 덕분에 보디숍은 고객들과 끈끈한 감정적 유대를 구축했다. 광고가 나간 뒤 현실적인 루비의 모습에서 드러난 통통한 아름다움을 칭찬하며 이런 점을 깨닫게 해주어 고맙다는 전화와 편지가 끊이지 않았다. "덕분에 자신감이 생겼어요."라고 말한 고객도 있었다. 루비가 등장한 광고의 인터뷰에서 아니타는 이렇게 말했다.

"[영국의 패션 잡지에 등장하는] 모델들은 대중 매체가 원하는 모습대로 만들어진 몸매를 가지고 있어요. ……솔직히 말해서 그 모델들은 정상이 아니에요. 너무 말라서 아무것도 못할 것 같지 않나요? 그들도 결국 피해자인 겁니다. 그래서 저는 - 우리 사무실의 직원 두 명과 함께 - '풀 보이스'라는 신문을 기획했어요. 우리의 신체와 자신감을 다루는 팸플릿인 것이죠. ……루비는 보디숍이 추구하는 자신감을 구체적으로 보여 주려고 만든 겁니다. 그저 광고모델에 불과한 것이 아니라 주변의 눈치를 보지 않고, 당당하고 지혜로운 여성들을 대변하는 인물입니다. 루비는 상식에 어긋나는 미의 기준 때문에 자신감을 잃지 않습니다. 자신에게 충실하며 자신의 몸을 소중하게 여깁니다."

2006년에 보디숍은 독립 경영을 보장받은 로레알 계열사가 되었으며, 2008년 기준으로 55개국에 진출하여 2,500개 이상의 매장을 확보했다. 아니타가 벌어들인 순수익은 2억 달러가 넘을 것이다.

✔ 요점 정리

제 5장에서는 감정이입이라는 기술을 사용하여 상대방을 이해하는 것이 얼마나 중요한지 배울 수 있었다. 감정이입을 보이면 자신의 경력을 자랑하는 데 도움이 될 뿐만 아니라 목표를 빨리 달성할 수 있고 인간관계도 개선할 수 있다. 보디숍의 사례에서 볼 수 있듯이 감정이입은 기업과 고객 사이에 신뢰를 구축하고 고객의 자신감을 북돋워 준다. 감정이입은 상품이나 서비스의 수준 또는 가격의 높낮이를 따지지 않고 언제든지 활용할 수 있는 기술이다.

제 6장
::
꼭 지킬 수 있는 것만 약속하고, 약속한 것보다 더 많은 것을 베풀어라

> " 제가 사용하는 접근법은 단순합니다.
> 꼭 지킬 수 있는 것만 약속하고,
> 약속한 것보다 더 많이 베푸는 것이죠. "
>
> 마이클 하워드

왜 약속과 실제가 달라야 하는가?

비즈니스를 하는 사람에게 깔끔한 이미지가 중요하다는 것은 누구나 아는 상식이다. 그러나 비즈니스 역량을 판단하는 궁극적인 기준은 이미지가 아니라 업무 능력이다. 기본적으로 자신이 한 약속은 확실히 지키고, 상황에 따라 자신이 해야 할 일을 재빠르게 파악하여 사람들이 기대하는 것 이상을 보여주어야 한다. 여기에는 지름길이 없다. 계단을 오르듯 꾸준한 노력과 프로 정신을 발휘하여 자신의 능력을 최대한 사용하고 사람들의 기대치를 뛰어넘는 놀라움과 기쁨을 선사해야 한다.

정직하고 믿을 만한 모습을 보여라

지키지 못할 약속을 남발하면 신뢰를 잃고 결국 외톨이가 될 것이다. 사람들은 상대방이 다른 꿍꿍이를 품을지 모른다는 경계심을 잠깐도 늦추지 않는다. 그러므로 거짓말을 하거나 사실을 적당히 왜곡하면 반드시 들통나게 될 것이다. 반면에 정직하고 믿음직한 태도는 거의 모든 사람들이 금세 좋아하게 되어 마침내 그들에게 더 큰 설득력을 발휘한다.

비즈니스는 긴 여행과 같다. 따라서 인간관계를 아름답게 맺는 것이 매우 중요하다. 반드시 지킬 수 있는 것만 약속하고 실제로는 약속한 것 이상을 상대방에게 안겨 주어야 믿을 만한 사람이라는 평가를 받게 될 것이다. 그러면 다음과 같은 긍정적인 결과를 얻게 된다.

- 믿고 의지하고 싶어진다
- 장기적인 인맥 형성
- 지속적인 비즈니스 관계 유지

6장에서 배울 점

프로젝트를 멋지게 마무리하는 방법

- 업무량이 어느 정도인지 정확히 계산한 뒤 직장 상사에게 반드시 지켜야 할 최소한의 사항을 알려준다(약속 내용은 최소한으로 줄인다).
    1. 자신이 해낼 수 있는 것을 충분히 상의하여 결정한다
    2. MECE를 실천한다

- 예정된 날짜보다 더 빨리, 약속한 것보다 더 많이 해낼 수 있도록 효율성을 추구한다.
    1. 실행 계획을 세운다
    2. 우선순위를 정한다(파레토 법칙)
    3. 다음 단계를 미리 예상한다

* 상대방의 기대치를 적정 수준으로 높이는 요령을 배운다. 최소한의 약속과 실제 결과 사이에 적절한 균형을 맞춘다.
    1. 직장 상사의 기대치에 대처하는 방법
    2. 약속을 했다면 무조건 그 약속은 지켜야 한다. 약속한 것보다 더 많이 해내는 것은 상관없지만, 약속 자체를 지키지 못하는 일은 없어야 한다

프로젝트를 멋지게 마무리하는 방법

〈시카고 트리뷴 Chicago Tribune〉에 최초로 공개된 탐 피터(Tom Peter)의 성공 비법은 비즈니스맨들 사이에서 꽤 유명하다. '꼭 지킬 수 있는 것만 약속하고, 약속한 것보다 더 많이 베푸는' 이유는 기대치 상승과 관련이 있다. 누군가 당신에게 자료 조사, 추천서 작성, 간단한 프레젠테이션 등을 부탁했다고 가정해 보자. 분명 그 사람은 적잖은 기대를 가질 것이다. 만약 당신이 이 기대치에 부응하지 못하면 처음부터 부탁을 들어주지 않는 것만 못하다. 이와 같은 기대는 한번으로 끝나는 것이 아니라 앞으로 두 사람의 관계에 계속 영향을 주기 때문이다.

자신이 해낼 수 있는 것을 충분히 상의하여 결정한다

작업량이 얼마나 될지 빨리 판단하는 것은 고난이도 기술이다. 이 기술이 부족한 사람들은 직장 상사에게 자신이 할 수 없는 것까지도 선뜻 하겠다고 말하는 실수를 저지른다. 상사와 이야기할 때 두 가지 점을 분명히 해야 한다. 첫 번째는 무슨 일이 있어도 자신이 반드시 해낼 수 있는 능력이고 두 번째는 한계점이다.

먼저, 반드시 처리할 수 있는 일이 무엇인지 생각해 보자. 예를 들면 상사가 먼저 다음과 같이 명확한 선을 그을지 모른다. "지난 달 매출 현황에 대해 슬라이드 열 장 분량의 프레젠테이션을 작성해 오세요." 이런 경우에는 무엇을 해야 할지 분명하므로 작업량을 비교적 쉽게 예상할 수 있다.

하지만 상대방이 원하는 것이 모호하거나 너무 포괄적인 경우에는 어떻게 할 것인가? "유럽 국가를 대상으로 새로운 시장을 개척할 수 있는 가능성에 대해 조사하세요."라는 요청을 받으면 어떻게 해야 할까? 먼저, 구체적인 질문을 통해 업무의 범위를 분명하게 선을 그어야 한다. "유럽 시장 전체를 말씀하십니까 아니면, 시장 규모가 큰 나라 하나만 찾으면 됩니까?", "시장 개척이라고 하신 말씀은 구체적으로 무슨 뜻입니까?", "워드 문서로 작성할까요 아니면, 파워포인트 프레젠테이션으로 작성할까요?" 이런 점을 구체적으로 파악하지 않으면 업무량을 정확히 가늠할 수 없다.

업무량 계산

업무량을 아주 간단하게 계산하는 방법이 있다. 할 일을 수량화할 수 있는 최소 단위로 나눈 다음 그것을 기준으로 비즈니스 계획을 수립하면 된다.

우선 할 일을 가볍게 훑어보고 '더 세분화' 할 수 있는지 따져 본다. 예를 들어 프랑스와 독일 시장에 진출할 가능성을 알아보는 것이 할 일이라면 각 시장별로 점검리스트를 만들어야 할 것이다. 목록의 항목을 정할 때마다 (118쪽 설명) MECE를 적극적으로 활용해야 한다.

MECE를 실천한다

MECE(Mutually Exclusive ad Collectively Exhaustive)란 무엇일까? 분석을 할 때는 논리와 일관성을 중시하고 혼동을 최소화해야 한다. MECE는 최고의 실력을 자랑하는 매니지먼트 분석가들이 논리적으로 프로젝트를 분석할 때 사용하는 방법이며 전체의 집합을 중복이나 누락이 없는 부분집합으로 나누는 사고방식을 가리킨다.

가장 먼저 할 일은 프로젝트를 세분화하는 것이다. 이때 중요한 것은 서로 겹치는 부분이 없어야(상호 배타적) 하고, 프로젝트의 어떤 부분도 빠트리지 않아야 한다(전체 포괄). 위의 사례는 아래와 같이 분석할 수 있다.

- 영국에서 매출 관리하기
- 프랑스 및 독일로 사업 확장하기
- 세일즈 에이전시 고용하기
- 현지 거래업체와 계약하기
- 공동 벤처 사업 구상하기
- 현지 기업 매입하기

두 번째 단계는 위의 각 항목을 실제 행동으로 옮길 수 있을 정도로 한 번 더 세분화하는 것이다. 예를 들어 "현지 거래업체와 계약을 성사시킬 가능성을 어떻게 예측할 수 있을까?"라는 질문으로 시작할 수 있다. 이 질문에 MECE 방식을 적용하면 아래와 같은 절차가 만들어진다.

- 현지의 거래업체를 모두 조사하여 가능성 있는 업체를 가려낸다.
- 경쟁사와 이미 거래를 하는 업체가 있는지 알아본다.
- 가장 유리한 조건을 가진 업체 몇 군데를 직접 연락한다.
- 그 업체가 당신과 계약하여 판매를 진행할 의사가 있는지 알아본다.

이 단계까지 오면 실제로 자신이 처리할 업무의 양을 쉽게 가늠할 수 있다. 아래와 같이 각 항목 뒤에 예상 소요 시간을 표기할 수 있다.

- 현지의 거래업체를 모두 조사하여 가능성이 있는 업체를 가려낸다.(3일)
- 경쟁사와 이미 거래를 하는 업체가 있는지 알아본다.(1일)
- 가장 유리한 조건을 가진 업체 몇 군데를 직접 연락한다.(1일)
- 그 업체가 당신과 계약하여 판매를 진행할 의사가 있는지 물어본다.(7일)

세 번째 단계는 각 항목에 소요되는 시간을 모두 합산하는 것이다. 이 때 주의할 점이 있다. 상사나 고객에게 합산 결과를 바로 이야기해서는 안 된다. 어떤 일은 본인의 의지만으로 충분하지만 주변 상황의 영향을 크게 받는 일도 있기 때문이다. 현지의 거래 업체를 모두 조사하여 가능성 있는 업체를 골라내는 일은 계획대로 3일이면 충분히 할 수 있다. 그러나 가장 유리한 조건을 가진 몇몇 업체에 연락을 시도하는 일은 하루

만에 끝나지 않을지도 모른다. 상대 기업에서 계약 여부를 결정할 수 있는 책임자와 닿을 수 있는 기회는 항상 열려 있는 것이 아니다. 설령 연락이 닿았다 해도 상대방에게 답을 얻기까지 시간이 걸릴 수 있다. 이처럼 우리의 의지만으로 통제할 수 없는 일은 소요 시간을 50% 늘리는 것이 바람직하다.

네 번째 단계는 고객이나 직장 상사에게 어디까지 해낼 수 있다고 약속을 할 것인지 결정하는 일이다. 물론 이러한 결정을 상대방에게 전달하는 방법도 심사숙고해야 한다. 어떤 상품이나 서비스를 특정일까지 배송해 주겠다고 약속하면 상대방은 분명 그 날짜에 받을 수 있을 것이란 기대를 갖게 될 것이다. 한번 정한 약속은 미루지 않는 것이 좋다. 물론 상황에 따라 어쩔 수 없는 이유가 생길지 모른다.('거래업체의 담당자에게 여러 번 독촉을 했는데도 묵묵부답이라 어쩔 수 없었습니다') 하지만 이것은 엄밀히 말해서 당신이 처리할 문제이지 고객이나 직장 상사가 책임질 문제가 아니다. 로버트 W. 서비스(Robert W. Service)라는 시인은 이런 말을 했다. "이미 해버린 약속은 갚아야 될 빚과 같다." 약속한 기일 내에 일을 처리하지 못할 가능성이 걱정된다면 여유 시간을 20% 정도 확보하면 된다. 단, 이런 이유로 약속 일자를 지나치게 뒤로 미루는 것은 좋지 않다. 업무 처리 기간이 길어지면 그만큼 당신에 대한 직장 상사의 기대치가 떨어질 것이다. 지금 근무하는 곳에서 가능한 빨리 승진하고 싶은 욕심이 있다면 이 점을 각별히 주의해야 한다.

약속한 것보다 훨씬 더 많이 해내는 비결

일단 어떤 제품을 언제까지 처리할 것인지 결정했다면 가능한 빠르고 정확하게 처리해야 한다. 업무의 효율을 높이고 약속한 것 이상의 결과를 얻을 수 있는 방법은 매우 다양하다. 이렇게 하면 분명 고객이나 직장 상사를 기대 이상으로 만족시킬 수 있다.

가장 먼저 할 일은 업무 계획표에서 시간을 단축할 수 있는 항목을 찾아내는 것이다. 좀 전의 예를 다시 생각해 보자. 상사가 원하는 것은 10일 만에 유럽 시장에 진출할 기회를 타진하는 것이다. 업무 처리 과정의 어떤 부분을 공략하면 8일로 시간을 단축할 수 있는지 생각해 보라. 그런 부분을 찾은 뒤엔 시간을 단축시킬 방법과 그 방법의 실제 가능성을 분석해봐야 한다.

파레토 법칙(Pareto Rule)

여기서 한 가지 명심할 점이 있다. 바로 이탈리아의 경제학자인 빌프레도 파레토(Vilfredo Pareto)가 1906년에 발표한 80:20 법칙이다. 그는 이탈리아 인구의 20%가 전 국토의 80%를 소유하고 있으며 흥미롭게도 그의 정원에서 키운 완두콩의 80% 역시 불과 20%의 콩깍지에서 열린다는 점을 발견했다. 이 법칙은, 대부분의 경우 결과의 80%는 20%의 원인에 의해 좌우된다는 핵심 소수의 법칙(law of the vital few)과 동일하다. 분명 비즈니스에도 이 법칙이 그대로 적용될 수 있다. 그러므로 핵심적인 부분을 찾아내어 거기에 주력하는 것이 곧 시간을 아끼는 것이 된다. 실제로 제약업계를 살펴보면 유럽 국가의 20%가 EU 시장(독일, 프랑스, 영국, 스페인, 이탈리아)의 80%를 차지하고 있다. 나머지 시장은 진출할 가치가 거의 없으므로 이러한 핵심 지역에 집중하는 것이 바람직하다.

빠른 자가 결국 이긴다

퀵 윈(the Quick Wins)이라는 법칙도 있다. 이는 분석을 할 때 가장 쉬운 옵션부터 처리하는 것을 말한다. 유럽 시장의 핵심과도 같은 20%에 속한 현지 업체 하나를 찾았다고 생각해 보자. 이 업체는 여러 가지로 믿을 만한 증거를 확보한 상태이다. 그렇다면 다른 일을 제쳐두고 이 업체에 바로 연락을 시도할 수 있다. 특히 최신 시장 정보를 조사할 때 이런 식으로 퀵 윈 법칙에 따라 움직이면 사람들이 깜짝 놀랄 정도로 빨리 결과를 낼 수 있다.

다음 단계를 먼저 예상하라

가장 마지막 단계라고 해서 중요하지 않다고 생각하면 오산이다. 약속한 것보다 더 많이 해내려면 반드시 앞으로 할 일을 예상해야 한다. 고객이나 직장 상사의 입장에서 그들이 과연 무엇을 요구할지 생각해 본다. 이렇게 한 발 앞서 나아가면 새로운 연구 대상을 지목하거나 더 나은 프레젠테이션을 준비할 수 있다. 이럴 때에는 창의력을 많이 발휘할수록 도움이 된다. 지시한 것보다 더 많은 일을 해내는 직원을 아끼지 않을 직장 상사가 어디에 있겠는가? 이처럼 다음 단계를 먼저 예상하면 약속한 것보다 더 많이 해낸다는 원칙을 실현할 수 있다.

기대치에 대처하는 방법

'약속은 최소한으로 하고 약속한 것보다 더 많이 해내라' 는 법칙을 십분 활용하려면 이 부분을 특히 집중해서 읽기 바란다. 앞서 말했듯이 고객이나 직장 상사는 어떤 일을 요구할 때 분명 당신에 대한 기대치를 설정할 것이다. 124쪽 도표는 당신이 그들에게 안겨 준 기대치와 실제 결과에 따라 상대방이 느끼는 감정을 보여준다.

- 기대치를 낮추고(최소한으로 약속하고) 약속한 만큼만 처리해 주면 상대방은 당신을 탐탁지 않게 여길 것이다. 상대방은 당신이 처리한 일을 제대로 쳐다보지 않을지도 모른다.

- 기대치를 높이고(큰소리를 치며 거창하게 약속하고) 그에 부응하지 않는 결과를 내놓으면 상대방은 몹시 불쾌할 것이다. 불가능한 것까지 약속하여 기대치를 한껏 높였다가 상대방을 실망시키는 것은 가장 위험하고 어리석은 짓이다.

- 기대치를 완전히 낮춰 두고(거의 아무것도 안 될 것처럼 약속하고) 예상을 뒤엎는 결과를 안겨 주면 어떻게 될까? 상대방은 오히려 시

큰둥한 반응을 보일지 모른다. 약속한 것보다 더 많이 해낸 것은 사실이지만, 처음부터 당신의 약속이 너무 초라했기 때문에 상대방은 그보다는 더 나은 결과를 이미 예상하고 있었을 것이다.

• 기대치를 높이고(큰소리를 치며 거창하게 약속하고) 실제로 기대치에 부응하는 결과를 내놓으면 고객이나 직장 상사는 흡족해 할 것이다.

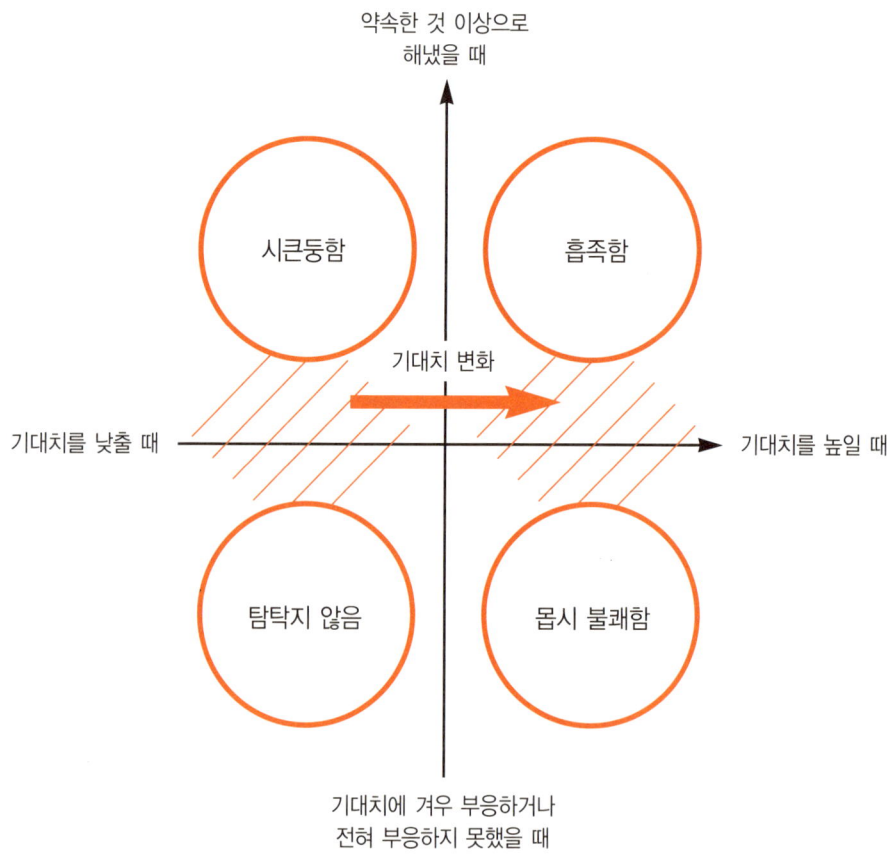

기대치가 자꾸 변할 때

약속한 것 이상을 해내면 상대방의 기대치는 분명히 달라진다. 혹시 최소한으로 약속하고 약속한 것 이상의 결과를 내는 일이 여러 번 반복될 경우, 직장 상사나 고객이 보이는 반응은 크게 두 가지로 나뉜다.

- 당신의 뛰어난 업무 능력에 감탄하며 다음에는 더 잘해낼 것이라는 높은 기대치를 보인다.
- 당신의 업무 능력은 보통 수준이며 당신이 일부러 최소한으로 약속한다고 생각하기 때문에 다음에도 약속한 것보다 조금 더 해낼 것이라고 예상한다.

둘 중에서 어느 경우든 기대치가 달라지는 것은 분명한 사실이다. 그러므로 언제나 약속한 것보다 더 많이 해내는 것이 중요하다. 그런데 한가지 더 생각할 점이 있다. 상대방의 기대치가 계속 높아지도록 내버려두면 안 된다. 적절한 기회에 기대치를 낮추기도 해야 한다. 종종 의도적으로 상대방을 시큰둥하게 만들 필요가 있다는 뜻이다. 그렇지 않으면 나날이 높아지는 기대치에 부응할 방법이 없다.

사례 연구 ::
구글 IPO

구글은 2004년에 기업공개(IPO, 주식공개라고도 함)를 선언하여 세간의 이목을 끌었다. 기업공개란 (개인이나 소주주로 구성되어 폐쇄적인 소유 구조를 유지하던) 기업이 일반에 주식을 공개하여 판매하는 것으로 대부분의 경우 창업주에게 막대한 부를 가져다준다. 스탠포드 대학교의 대학원생이었던 세르게이 브린(Sergey Brin)과 래리 페이지(Larry Page)는 1998년에 구글을 창업하여 현재 적수를 찾아볼 수 없을 정도로 발전시켰다.

두 사람은 학교에서 배운 간단한 교훈을 바탕으로 창업에 도전했다. 흥미롭게도 두 사람은 전공 도서의 각주에 언급된 책들이 모두 중요한 필독서라는 점에 유의했다. 쉽게 말해서 각주가 많을수록 그 책의 중요성도 높아지는 것이다.

두 사람은 이 원칙에 착안하여 관련도에 따라 검색 결과를 정렬하며, 다른 웹사이트의 링크를 활용해 다량의 결과를 산출하는 검색 엔진을 만들었다.

두 사람의 손에서 탄생한 검색 엔진은 세계 곳곳의 사용자들에게 큰 호응을 얻었다. 급기야 2006년에는 옥스퍼드 영어 사전에 'Googled(구글에서 검색해 보다)' 라는 단어가 등재되었다.

최소한으로 약속하다

하지만 구글은 기업의 명성이나 수익에 대해 크게 떠벌리지 않았다. 구글의 핵심 비즈니스는 검색 기반의 광고였다(광고를 원하는 기업에게 사용자들이 인터넷 검색창에 입력하는 키워드를 판매하는 방식이었다). 광고주는 상품이나 서비스에 관심이 있는 고객들이 직접 그들의 웹사이트를 찾아온다는 점을 노렸다.

기존의 광고 방식, 특히 자사의 상품에 관심을 가진 고객을 찾기 위해 다수의 대중을 상대로 광고하는 산탄식(shotgun) 광고 방식을 뒤엎는 새로운 접근법이었다.

구글은 자사의 광고 방식이 본사 및 광고주들에게 얼마나 효율적이었는지 경쟁사에 공개하지 않았다. 즉, 구글의 실제 매출을 그대로 이야기해서 많은 광고주의 관심을 자극하거나 자사의 신용도를 높이지 않았던 것이다. 이런 점에서 구글은 '최소한으로 약속'했다고 말할 수 있다.

약속한 것 이상을 해내다

구글은 2004년 기업 공개에서 비로소 2001년 이후의 수익이 모두의 상상을 초월할 정도라는 점을 드러냈다. 이것은 바로 '약속한 것 이상을 해내는' 과정에 해당한다. 2003년 구글의 수입은 9억 619만 달러였으며 순수익만 따져도 무려 1억 65만 달러였다. 매출액은 전년도 대비 11%의 성장을 보였으며 2004년 1사분기 매출액은 3억 896만 달러, 순수익은 6,400만 달러를 보고했다. 이는 2003년 1사분기에 비해 무려 148%가 증가한 것이었다.

2004년에 구글의 창업주들은 일단 약속한 뒤에는 약속한 것보다 적게 해주는 것이 아니라 늘 더 많이 해주는 것이 옳다는 점을 널리 알렸다. 그들은 정직의 중요성을 강조하면서 다음과 같이 말했다.

"우리는 영업 결과를 '대충' 처리하지 않습니다. 본사에 보고되는 영업 관련 수치가 정확하지 않으면 기업공개에서 보고되는 수치도 정확할 수 없습니다."

구글의 기업 공개가 순조롭기만 했던 것은 아니다. 세르게이 브린과 래리 페이지는 (기업이 세부 정보를 공개하면 안 되는) '침묵 기간'에 〈플레이보이 Playboy〉라는 잡지와의 인터뷰에서 솔직하고도 대담한 발언으로 세상을 깜짝 놀라게 만들었다. 결국 이 인터뷰 때문에 증권거래위원회의 조사를 받아야 했다.

구글은 주식 단가를 85달러로 낮추고 기업 중역들이 매각하는 주식의 거래량도 줄였다. 또 한번 '최소한으로' 약속한 것이다. 이러한 변화는 구글의 주가에 큰 타격을 주었다.

기록을 경신하다

결국 구글은 주당 85달러에 총 19,605,052주를 매각했다. 거래 대상에 관계없이 동일한 가격을 제시한 것이다. 이렇게 기업 공개를 실시한 결과 총 167억 달러를 벌었으며 230억 달러라는 기록적인 시가 총액을 달성했다. 한마디로 기업 공개는 대성공이었다. 바로 첫날 CNNmoney.com에서는 주가가 무려 18%나 올랐다고 보도했다. '탁자에 남아있는 돈(기업이 더 높은 가격으로 상장될 수 있었는데 그렇지 못했다는 뜻으로 쓰이는 표현)'은 제한되어 있었고 이를 볼 때 구글이 주가를 85달러로 정한 것은 분명히 '최소한으로 약속'하는 방침을 적용한 것이었다.

아무튼 구글의 창업주 두 사람은 한순간에 돈방석에 올라 앉았다. 그러나 두 사람은 즉시 초기 투자자들에게 약속한 것 이상의 이익을 배분했다. Internetnews.com에서 총 2,290만 달러에 해당하는 270만 주를 발행한 것으로 보도된 야후와 비교하면 이 점을 확실히 알 수 있다. 2011년 2월에 구글의 주가는 610달러에 육박했다. 이는 초반 주가보다 무려 700% 이상 상승한 것이다.

이처럼 지금도 여전히 구글은 투자자들에게 약속한 것보다 훨씬 더 많은 이익을 주고 있다.

✔ 요점 정리

　제 6장에서는 약속의 중요성을 배웠다. 우선 약속을 하면 철저히 지켜야 한다. 또한 약속한 것보다 더 많은 결과를 산출하여 상대방의 기대치를 넘어야 한다. 또한 실제로 업무를 처리하는 과정에 실용적인 요령도 몇 가지 배웠다. 이러한 점을 활용하면 상대방이 요구한 업무의 분량과 처리 기간을 객관적으로 산출할 수 있을 것이다. 이러한 분석 과정을 실행하면 고객이나 직장 상사에게 약속했던 것을 지킬 수 있게 되어, 정직하고 믿을 만하며 유능하다는 평판을 얻고, 더 나아가 직장 내에서 승진하는 속도나 기회에 있어서 유리한 입장에 설 수 있다.

제 7장
::
최선을 다하라

❝ 품질의 기준이 되라.
어떤 사람들은 최고의 품질이 요구되는 환경에
익숙하지 않기 때문이다. **❞**

스티브 잡스

최선을 다해야 하는 이유

요구된 수준에 따라 업무를 처리하는 것은 급여를 받는 직원이 당연히 해야 할 일이다. 그러나 항상 그 수준에 머무르는 사람은 상사의 눈에 띄거나 승진 가도를 달리는 것을 꿈꿀 수 없다. 주목받는 일꾼이 되고 자신의 가치를 높이 평가받아 승진의 기회를 얻으려면 최선을 다해야 한다.

최선을 다한다는 것은 기본적으로 정신력과 관련이 있다. 언제 어디에서나 최선을 다할 정신 자세를 갖춘 사람이라는 평을 받는 것을 목표로 삼기 바란다. 어떤 분야에 종사하든 제대로 성공하려면 최선을 다하는 자세가 몸에 배어야 한다. 제 7장은 1,2부로 나누어 두 가지 요점을 다룰 것이다. 첫 번째는 최선을 다하기 위한 정신력을 기르는 방법이고, 두 번째는 자신의 목표를 실행에 옮기는 방법이다.

7장에서 배울 점

다음과 같이 노력하면 최선을 다하는 자세를 갖추게 된다

- 정신을 새롭게 한다
- 가장 중요한 일에 초점을 맞춘다
- 가식을 버리고 새로운 일에 도전한다

또한, 생활 전반에서 중요한 목표에 초점을 맞추고 최선을 다하는 자세를 배워야 한다

- 목표를 평가할 수 있는 잣대를 마련하고 주요 행동을 분석한다
- 점수판을 만들어서 진행 상황을 파악한다
- 점검표를 사용하여 계획한 대로 빠짐없이 실행한다

1부 : 정신을 새롭게 한다

스티브 잡스는 〈포춘 Fortune〉이 2009년 11월 5일자로 선정한 세기의 CEO이다. 그는 애플과 픽사(현재 픽사는 디즈니에 인수된 상태이다)의 공동창업자이며, 현재 우리가 사용하는 PC를 개발한 장본인이고 더 나아가 맥(Mac), 아이폰, 아이패드와 같은 제품을 통해 사람들이 기술을 활용하는 방법을 완전히 뒤바꿔 놓은 사람이다.

스티브 잡스가 모든 일에 최선을 다했던 이유는 과연 무엇일까? 그의 개인적 성향을 가만히 살펴보면 이러한 업적을 달성한 결정적인 특징을 찾을 수 있다.

완벽을 기하는 자세, 새로운 아이디어에 대한 갈망과 쉬지 않고 개선하려는 노력, 돈을 제대로 벌어보겠다는 의지 등을 꼽을 수 있다. 이런 특성은 스티브 잡스뿐만 아니라 우리도 충분히 발전시킬 수 있는 특성이다.

완벽을 기하는 자세

최선을 다하는 사람은 무슨 일을 하든지 가장 높은 수준에 오르고 싶어 한다. 그런 사람들은 어떤 일을 맡아도 최상의 결과를 내놓기 위해 노력을 아끼지 않는다. 물론 상황에 따라 예전만큼 해낼 수 없을지도 모른다. 그러나 중요한 것은 항상 최고를 지향하겠다는 마음가짐이다.

스티브 잡스는 이미 잘 알려진 완벽주의자이다. 밤샘 작업은 물론이고 주말에도 쉬지 않고 일하여 가족들도 그의 얼굴을 보기 어려웠다고 한다. 그는 프레젠테이션을 할 때마다 수십 번씩 연습하였으며 2001년, 아이팟을 출시하기까지 새로운 디자인을 개발하고 버리는 작업을 얼마나 많이 반복했는지 모른다. 이처럼 완벽한 결과가 나올 때까지 지칠 줄 모르고 노력하는 것이 바로 최선을 다하는 자세이다.

다르게 생각하라! 그리고 항상 앞장서서 일하라

'다르게 생각하라'는 애플의 유명한 광고 문구이다. 언제나 창의적인 사고를 하는 것이 쉬운 일은 아니지만 노력을 기울일 가치는 분명히 있다. 애플의 성공은 다르게 생각하려는 노력이 탄생시킨 혁신 기술 덕분이라고 해도 과언이 아니다. 우리도 일상생활에서 의외로 참신하고 새로운 아이디어를 많이 발견할 수 있다. 앞장서서 일한다는 것은 일처리 방식을 개선하고, 시키지 않은 일도 스스로 나서서 처리하는 것을 말한다. 지금 바로 직장 상사나 가족들에게 전혀 기대하지 않거나 생각하지 못한 것을 안겨주겠다는 목표로 새로운 아이디어를 구상해 보면 어떨까?

모든 것을 가식이나 편견 없이 바라보라

스티브 잡스에 버금가는 비즈니스계의 거물이자 역사상 가장 성공적인 사업가로 추앙받는 잭 웰치(Jack Welch, 10장 참조)는 이런 말을 남겼다. "기업은 물론이고 어떤 조직에서든 가식과 편견이 없는 사람은 찾기 힘들다. 그렇게 행동하는 사람이 있다면 정말 대단하다고 칭찬해야 할 것이다." 모든 대상을 솔직하고 단순한 시각으로 보고 대화에서도 그런 시각을 표현하면 분명 개선점을 찾게 된다는 뜻이다. 이러한 변화는 가장 먼저 개인의 사고방식에서 시작되어야 한다. 이를테면 자신의 직업이나 주변 사람을 본인이 제대로 알고 있는지 자문해 볼 수 있다. 이런 분석을 하면 자기 이해가 한층 깊어진다. 뭔가 불분명하다는 느낌이 들면 반드시 '근본적인 이유'를 찾고자 노력해야 한다. 그러면 자기도 모르게 새로운 시각으로 사물을 바라보게 될 것이다.

재미와 웃음을 추구하라

일을 훌륭하게 마무리했다고 마음을 놓아도 될까? 그렇지 않다. 아직 뭔가 아쉬운 점이 있다. 요즘 세상이 워낙 바쁘게 돌아가기 때문에 깔끔한 일처리만으로 주목받기는 어렵다. 하지만 약간의 흥미를 돋우거나 웃음을 줄 수 있는 요소를 찾으면 상황은 크게 달라진다. 그러므로 기회가 있을 때마다 주변 사람들에게 웃음을 선사하려고 노력해야 한다. 이를테면 남들보다 조금 일찍 출근하고 상사가 퇴근하기 전에 자리를 비우지 않으면 기회가 찾아올 것이다. 또한 이번 일요일에는 가족을 위해 특별 요리를 준비해서 행복한 미소를 짓게 만드는 것도 생각해 볼 수 있다.

노력을 돈으로 환산하라

보상의 법칙에 의하면 우리가 하는 일은 시간이 흐르면 더 큰 결과로 돌아온다는 것이다. 따라서 보상의 법칙에서 유리한 위치를 차지하고 싶으면 처음에는 당장의 결과를 걱정하지 말고 적극적으로 내놓아야 한다.

자! 이제 자신이 기울인 노력을 돈으로 환산하면 얼마쯤 되는지 계산해 보자. 고객의 선호도, 친구들을 위한 배려, 자신의 월급 등을 고려해 볼 수 있다. 처음엔 남들보다 더 많이 베풀고 느긋하게 결과를 기다려야 한다.

〈블룸버그 비즈니스위크 Bloomberg Businessweek〉의 피터 버로우 (Peter Burrows)는 2004년에 스티브 잡스와 인터뷰를 하는 행운을 얻었다. 그때 잡스는 "애플은 기업에 큰 기여를 할 수 있는 분야에서 두각을 드러냅니다. 이것이 바로 저의 경영철학입니다."라고 말했다. 여기에서 우리는 단 하나를 팔더라도 반드시 이윤을 얻어야 한다는 그의 의지를 엿볼 수 있다. 얼핏 들으면 너무 계산적이라는 인상을 받을지 모른다. 하지만 현실에서는 시장에서 기업의 위치를 유지하기 위해 손실을 감수하는 경우도 많다. 최선을 다하는 것이란 독특하고 품질이 우수한 제품으로 많은 사람들에게 인정받는 것, 그 결과로 매출을 신장시켜 이윤을 산출하는 것이다.

2부 : 실행에 옮겨라

비즈니스에 몸담고 있는 사람들은 누구나 좋은 의도를 갖고 있다. 그런 사람은 징그러울 정도로 많다. 2부에서는 자신의 성공 확률을 최대화할 수 있는 방법을 다룰 것이다. 성공 확률을 높이려면 우선 자신의 목표를 분명히 정해야 한다. 목표를 정할 때 몇 가지 신경을 써야 할 점이 있다. 우선 현실적으로 생각하고, 대범하게 행동하며, 가장 중요한 일에 초점을 맞추어야 한다.

대범하게 행동하라

1부에서는 대상을 분명하게 설정했으므로 이제는 그 대상에 맞추어 대범하게 목표를 정해야 한다. 사람은 누구나 꿈이 있다. 당신에게도 분명히 소중한 꿈이 있을 것이다. 5년 후에 자신의 모습이 어떨지 한번 상상해 보라. 자기가 정말 원하는 것이 무엇인지 곰곰이 생각해 봐도 좋다. 원하는 것은 상상력의 출발점이 된다. 대통령이든 무엇이든 자신이 원하는 것은 무엇이든 될 수 있다고 생각한다. 꿈이 이루어질 때 얼마나 기쁠지, 그때 자신의 행동이 어떻게 달라질지 상상해 보라. 머릿속에 그리고 있는 모습은 목표를 향해 노력하려는 의지를 강화시켜 준다. 또한 자신이 해낼 수 있다는 자신감도 키워야 한다. 현실적이면서 대담하게 3년 후를 바라보며 목표를 세워보자.

나의 장점 3가지

1) _____

_____

2) _____

_____

3) _____

_____

나의 개성 3가지

1) _____

2) _____

3) _____

3년 후에 이루고 싶은 목표 :

_____

_____

이 목표가 나에게 중요한 이유 :

_____

_____

가장 중요한 것에 초점을 맞춰라

일단 목표가 정해지면 그 다음부터는 일이 순조롭게 풀릴 것이다. 이제는 목표를 이루는 일만 남아 있으니 말이다. 주변을 둘러보면 목표를 이루기 위해 처절할 정도로 애쓰는 사람들을 많이 볼 수 있다. 그런가 하면 일상에 지쳐서 무기력증에 빠지거나 정말 중요한 것을 놓치며 살아가는 사람들도 있다. 하지만 이런 사람들도 성공할 수 있다. 어떻게 바뀌어야 할까? 바로 그것은 일의 우선순위를 제대로 정리하는 것이다.

계획을 세울 때 목표를 정확히 설정한 다음, 그 목표를 실행하는 데 필요한 주요 단계를 정리한다.

기업의 임원이 되고 싶은가? 그렇다면 경영 수업을 무조건 받아야 한다. 이때 경영 대학원에 진학하는 방법을 생각해 볼 수 있다. 학교를 선택하는 데에도 몇 가지 기준이 필요하다. 최근의 대학 순위를 조사해 보고 장학금 혜택이 얼마나 다양하게 마련되어 있는가까지 알아볼 수 있다. 또한 GMAT를 포함하여 입학 자격 요건을 잘 살펴야 한다. 이렇게 학교 하나만 보더라도 신경 쓸 문제가 한두 가지가 아니다. 이 또한 중요도에 따라 일의 처리 순서를 결정해야 한다.

앞에서 세운 3년 후의 목표를 다시 떠올려 보자. 이제 그 목표를 이루기 위한 필요한 활동을 정리할 것이다. 아래에 중요한 것부터 순서대로 적기 바란다.

목표를 이루기 위한 주요 활동(가장 중요한 것부터 나열한다)

1) _____

2) _____

3) _____

실천 가능한 계획을 세워라

이렇게 활동을 정리하다 보면 금세 실천으로 옮길 수 있는 것과 그렇지 않은 것이 확실하게 구분된다. 이런 차이가 생기는 근본적인 원인은 무엇일까? 대부분의 경우 실행 가능성이 다르기 때문이다. 실행 가능성을 높이려면 어떻게 해야 할까? 방법은 의외로 간단하다. 구체적으로 설정된 목표에서 출발하여 한 걸음씩 뒤로 더듬어 가는 것이다. 이런 식으로 하면 최종 목표로 이어지는 모든 단계를 분명히 정립하고 필요에 따라 중간 목표를 설정할 수 있다. 이때 각 단계가 실행 가능한지, 목표와 명확한 관련성이 있는지 반드시 확인해야 한다. 처음부터 끝까지 한번 더 점검해서 완벽을 기해야 한다.

〈예시〉

목표 : 런던 마라톤 출전을 목표로 훈련한다.

실행 가능성이 부족한 계획 : 우선 체육관이나 헬스 클럽을 알아본다.

실행 가능성이 높은 계획 : 체육관으로 가서 트레이너를 만난 뒤 계획을 세운다.

실행 가능한 주요 활동

1) _____

2) _____

3) _____

계획을 세분화한 다음 하나씩 실행에 옮겨라

실행 가능한 계획이 세워졌으면 이를 보다 더 세분화하여 소규모 계획 또는 활동을 정한다. 소규모 활동을 하나씩 처리하다 보면 앞서 수립한 계획이 실천되어 최종 목표에 다가서게 된다.

소규모 활동 (1~3번에 위의 실행 가능한 주요 활동을 기입하고, 각 활동을 3개 이상의 소규모 활동으로 분석한다)

1) _____

- _____

- _____

- _____

2) _____

- _____

- _____

- _____

3) _____

- _____

- _____

- _____

한계점을 정하라

이제 주요 활동과 각각의 소규모 활동의 한계점을 정한다. 그렇게 시간을 정해 놓으면 다른 데 정신을 뺏기지 않고 집중할 수 있다. 한계점이 정해졌으면 자신과의 약속으로 생각하고 무조건 지켜야 한다.

주요 활동과 소규모 활동   한계점

1) _____   _____

   • _____   _____

   • _____   _____

   • _____   _____

2) _____   _____

   • _____   _____

   • _____   _____

   • _____   _____

3) _____   _____

   • _____   _____

   • _____   _____

   • _____   _____

측정 가능한 방법을 동원하라

지금까지 계획한 것을 실천하고 있는지 점검하려면 수치화된 기준이나 측정 방법이 중요하다. 기준이나 방법을 설정하였으면 반드시 적용한다. 진행 과정을 수치화하면 목표에 얼마나 가까이 왔는지 알 수 있다.

마라톤 〈예시〉

실행 가능한 계획 : 체육관에 가서 트레이너를 만나 계획을 세운다.

- 1주일에 몇 번 체육관에 가는가?
- 1주일에 몇 킬로미터를 달리는가?

목표로 정한 것보다 더 많이 달성하라

이제부터 성공할 때까지 잠시도 긴장을 늦추면 안 된다. 자신의 능력이나 목표에 맞추는 것보다 더 많이 달성하겠다고 결심하면 자기 발전에 크게 도움이 된다. 성공을 꿈꾸는 사람은 쉽게 포기하거나 흔들리지 않고 목표만 바라보며 앞으로 밀고 나아간다. 목표를 초과하면 자신의 한계를 넘어섰다는 기쁨을 누릴 수 있고 더 높은 목표를 세우려는 의지도 생긴다.

배울 점을 찾아라

한 가지 활동이 끝날 때마다 '배울 점'이 있었는지 확인한다. 자신이 세운 계획을 이성적으로 분석하는 것도 좋다. 친구에게 자신이 어떤 계획을 세우고 실행했으며, 최종 목표는 무엇이고, 현재 자신이 실행 중인 계획에서 단점으로 드러난 것은 어떤 것들이 있는지 말해주도록 한다. 솔직한 태도가 관건이다. 잘 된 것도 있지만 아쉽거나 후회스러운 점도

나만의 점수판

주요 활동과 소규모 활동   한계점

1) _____   _____

    • _____   _____

    • _____   _____

    • _____   _____

2) _____   _____

    • _____   _____

    • _____   _____

    • _____   _____

3) _____   _____

    • _____   _____

    • _____   _____

    • _____   _____

분명히 있을 것이다. 한계점을 지켰는지 점검하는 것도 빠트리면 안 된다. 만약 한계점을 넘겼다면 원인을 반드시 찾아야 한다. 이러한 자기 분석과 조사를 하다보면 책임감이 생겨 더 효율적인 방법을 깨닫게 된다.

중간 점검 결과	장단점	배울 점

자기 자신에게 보상하라

당신의 인생에서 가장 중요한 사람은 바로 자기 자신이다. 이 점은 아무도 부인할 수 없는 사실이다. 그렇다면 어떤 일을 완벽하게 해냈을 때 자신에게 적절한 보상을 해주어야 한다. 그렇게 하면 의욕을 계속 강하게 유지할 수 있다. 보상을 어렵게 생각하면 안 된다. 주말에 휴식을 갖거나, 음악회를 참석하거나, 책을 사서 볼 수도 있고 친구와 맥주 한 잔 마시는 기회를 마련하는 것도 보상이다. 이런 식으로 어떤 활동을 하나씩 마감할 때마다 적절한 보상을 해주는 것이 좋다.

사례 연구 ::
제프 베조스가 말하는 단기 급성장의 비결

아마존닷컴의 창립자인 제프 베조스(Jeff Bezos)를 보면 비즈니스에서 최선을 다해야 하는 이유를 이해할 수 있다. '빨리 커지는 것(Get Big Fast)'이라는 그의 경영철학은 이 원칙을 가장 투명하게 반영하고 있다.

제프는 불과 서른 살이던 1994년에 뉴욕에 있는 D.E. 쇼(Shaw)에서 부대표를 맡고 있었다. 이 회사의 전문 분야는 주식시장에서 컴퓨터 공학을 활용하는 것으로, 제프는 명성과 부를 한껏 누릴 수 있었다

(실제로 그의 연봉은 100만 달러 정도였다).

　프린스턴 대학에서 컴퓨터 공학과 전기 엔지니어를 전공한 인재였던 제프는 매년 인터넷 사용량이 무려 2,300%씩 늘어나고 있다는 사실에 흥미를 느꼈다. 이처럼 어마어마한 성장 속도라면 인터넷 사업의 전망은 아주 밝은 것이었다. 한편, 그는 상품을 우편배송하는 기업들이 도서 판매에 소홀하다는 점도 알게 되었다(다양한 분야의 서적을 다루려면 재고량이 너무 많아서 일일이 웹사이트에 소개하기가 쉽지 않은 일이었다). 연간 주문도서가 5억 부 이상이지만 두각을 드러내는 기업이 하나도 없다는 사실만 보더라도 도서 시장의 규모와 발전 가능성은 어마어마했다. 그는 모든 종류의 서적을 다루는 초대형 데이터베이스를 구축하여 인터넷으로 판매하면 소비자들이 전 세계 어디에서나 시간에 구애받지 않고 자유롭게 책을 구매할 수 있다고 판단했다.

기회를 잡다

　아이디어는 좋았지만 아무래도 수입이 좋은 안정적인 직장을 버리기는 쉽지 않았다. '과연 이런 직장을 스스로 포기하는 것이 합리적일까? 굳이 새로운 분야에 뛰어들어 창업을 하는 것보다 지금 일하는 곳에서 더욱 입지를 탄탄하게 하는 편이 낫지 않을까?' 라는 생각도 들었다.

하지만 그는 과감하게 사표를 던지고 아마존이라는 인터넷 사이트를 만들었다. 세계 최대 규모를 자랑하는 아마존 강의 이름을 따온 것이었다. 요즘은 닷컴 회사가 흔하지만 당시에 아마존닷컴은 거의 유일무이한 존재였으며, 기존의 서점들과 분명히 차별화된 전략을 가지고 있었다. 그는 컴퓨터 공학 전공자로서 자신의 기술과 지식을 십분 활용했다. 1995년 판매를 시작할 때는 마케팅 예산 지원을 전혀 받지 않았으며, 미국 전역을 대상으로 배송을 실시했다.

아마존닷컴의 성공 비결 중 하나는 바로 저렴한 가격이다. 일반적인 오프라인 서점은 임대료, 인건비, 통신비, 보험, 광고 등에 따른 지출이 많아 책값이 만만치 않았다. 그러나 아마존닷컴은 조그만 창고 하나 외에 그밖의 비용이 들지 않았고, 수백만 명이 넘는 고객들이 수십만 가지 이상의 도서를 자유롭게 고를 수 있어서 매출이 금세 늘었다. 뿐만 아니라 아마존닷컴은 고객들이 예전에 구매한 서적을 기준으로 비슷한 도서를 추천하는 소프트웨어를 갖추고 있었다. 이렇게 고객 서비스에 주력한 결과 아마존닷컴은 인터넷 구매자들 사이에서 가장 신뢰할 만한 사이트라는 평판을 얻게 되어 눈부신 속도로 발전, 불과 2년 만에 주식회사로 우뚝 설 수 있었다.

최선을 다하다

베조스의 가족들은 아마존닷컴에 아낌없이 투자했다. 그 결과 1990

년대 말에 부모님과 베조스는 백만장자가 되었다. 그가 벌어들인 돈이나 사업의 성장 규모는 다른 사람들이 평생을 바쳐 노력해도 얻기 힘든 것이었다. 베조스는 단시간의 성공에 만족하여 더 할 일이 없다고 생각했을까? 이제는 벌어 놓은 돈으로 편하고 화려한 생활을 즐기면 된다고 느꼈을까? 아마존닷컴이 일단 대성공을 이루긴 했지만 닷컴 열풍이 식으면 일장춘몽으로 끝나지는 않을까?

2002년이 되자 베조스는 또 다른 도약을 준비했다. 그는 아마존닷컴의 상품을 서적에 국한시키지 않고 다양화했다. 이제 아마존닷컴에서 전자제품, 컴퓨터, 장난감, 음반, 의류 등도 구매할 수 있다. 그는 검색 엔진을 개발하기 시작했으며 온라인 스포츠 소매점도 열었다. 베조스의 욕심은 거기서 끝나지 않고 몇 가지 혁신적인 서비스까지 도입하여 눈길을 끌었다. 예를 들면, 개인 뮤지션이 직접 아마존닷컴에서 자신의 음반이나 곡을 온라인 고객에게 판매할 수 있는 기능을 추가시킨 것이다.

2005년이 되자 아마존닷컴의 거래 규모는 100만 달러를 넘어섰다. 그는 여기서 또 한번 새로운 도약을 시도했다. 바로 전자책 단말기인 '킨들(Kindle)'을 선보인 것이다. 킨들을 구매하면 종이로 된 책보다 훨씬 저렴한 전자도서를 바로 다운받아서 볼 수 있다. 2010년에 킨들의 매출은 20억 달러를 돌파했다. 이는 연간 200%가 넘는 매출 성장을 뜻한다. 2011년 5월에는 기존의 일반 도서보다 킨들로 읽을 수 있는 전자도서 판매를 늘리겠다는 계획도 발표했다.

현재 아마존닷컴은 미국 최대 규모의 온라인 쇼핑몰로 직원 수는 3만 명이 넘으며 매출액은 200억 달러를 상회한다. 창업주인 제프 베조스의 용기와 끊임없는 노력은 최선을 다할 때 얼마나 놀라운 결과를 낳는지를 여실히 보여준다.

✔ 요점 정리

제 7장에서는 최선을 다하는 자세가 중요한 이유를 살펴보았다. 또한 목표를 실행하기 위해 점수판을 활용하는 방법도 다루었다. 첫 번째 단계는 목표 설정이다. 그 다음에는 목표 설정에 필요한 활동을 일목요연하게 목록으로 정리한다. 수치로 측정할 수 있는 부분에 대해 측정 기준을 세우고 한계점을 설정해서 목표를 이루어가는 과정을 끊임없이 점검한다. 뿐만 아니라 자신의 계획에 대한 장단점을 수시로 점검하고 각 단계별로 배울 점을 찾는 것도 잊지 않는다.

제 8장

::

실패를 딛고 일어서라

" 실패를 딛고 일어서라. **"**

벤저민 디즈레일리

실패를 딛고 일어서려는 의지가 중요한 이유

아쉽지만 매번 성공하리라는 보장은 없다. 누구나 특정 분야에서 가슴 아픈 실패나 실수를 하기 마련이다. 인간은 누구나 실수를 한다. 특히 한치 앞을 내다보기 어려운 비즈니스 분야에서는 실수가 없을 수 없다. 그러므로 우리는 끊임없이 실패와 역경에 대처해야 한다. 성공한 사람들의 이야기를 들어보면, 그들도 한때는 파산 위기를 겪는 등 절망의 수렁에 빠진 적이 있었다. 도널드 트럼프, 헨리 포드, 월트 디즈니와 같은 내로라하는 거물들도 예외가 아니었다.

8장에서 배울 점

다음과 같이 하면 실수를 만회하거나 극복하는 데 도움이 된다.

- 오뚝이처럼 다시 일어선다
- 예상치 못한 일이 일어나는 것은 당연하다
- 대비책을 마련한다
- 희망을 버리지 않는다
- 상황을 자신에게 유리한 방향으로 이끌어 간다
- 실수에서 배울 점을 찾는다
- 행동 계획을 세운다
- 환경은 바꿀 수 없지만, 행동은 바꿀 수 있다
- 포기하지 않는다

당신만 실패를 겪는 것이 아니다!

기업도 때로는 실패한다

실패와 역경과 실수는 기업 운영을 논할 때 빠짐없이 등장하는 말이다. 미국의 경우, 2001년에 파산을 맞은 기업이 무려 257개나 된다. 이들의 자산을 모두 더하면 무려 2,580억 달러에 달한다. 같은 시기에 미국의 주요 대기업 중에서 26개가 시장 점유율이 3분의 2로 줄어드는 아품을 맛보았다. 여기에는 HP, 시스코, AOL 타임워너(AOL Time Warner, 미국 최대의 미디어 기업)도 포함된다. 2008년 9월에는 자산 규모가 6천억 달러인 리먼 브라더스(투자은행)가 무너졌다. 단 하룻밤 사이에 벌어진 일이라 많은 사람들이 충격에 빠졌으며, 이 사건은 전 세계 역사상 가장 큰 규모의 파산 사건으로 기록되었다.

국가도 실패할 때가 있다

국가 단위로 위기를 맞는 경우도 가끔 볼 수 있다. 2010년에 OECD 국가들은 어느 누가 먼저랄 것도 없이 모두 재정 적자를 기록했다. 미국은 0.7%, 일본은 −8.2%, 녹일 5.3%, 프랑스 8.6%, 이탈리아 5.4%, 영국 13.3%였다(이 수치는 GDP를 퍼센트로 나타낸 것이다). 같은 해에 그리스는 재정적으로 완전히 무너져서 EU/IMF로부터 무려 610억 달러를 수혈 받아야 했다. 이 책을 쓰는 시점에도 경제 성장률이 낮은 그리스, 포르투갈, 스페인은 엄청난 부채를 갚지 못한 채 여전히 '신용도 문제'에 짓눌려 있다.

경제에도 위기가 있다

영국 재무부 수상인 고든 브라운(Gordon Brown)은 1990년대 후반에 '일시적인 비정상적 호경기'로 돌아가는 일이 없을 것이라고 선언했다. 그러나 70년 만에 가장 최악이라는 경제 위기가 발생하고 침체된 경기가 회복될 기미를 보이지 않자 영국 수상 자리에서 물러날 수밖에 없었다. 여기에서 우리는 한 가지 진실을 알게 된다. 정책 수립가들이 무슨 짓을 하든지, 경기 순환은 반드시 호황과 불황을 반복한다는 것이다.

어떻게 극복할 것인가?

오뚝이처럼 다시 일어선다

개인, 기업, 국가를 막론하고 성공과 실패를 가르는 결정적인 요소는 실패나 역경을 피하는 것이 아니다. 성공 여부는 실패나 역경을 겪을 때 다시 일어나서 도전하느냐이다. 실제로 성공한 사업가들의 공통점을 찾기 위해 수많은 연구가 진행되었으나 단 한 가지 공통점 외에는 아무것도 찾아내지 못했다. 그렇다면 유일한 공통점은 무엇이었을까? 그것은 바로 인내심 또는 끈기이다.

예상치 못한 일이 일어나는 것은 당연하다

니콜라스 탈렙(Nicolas Taleb)은 《블랙 스완 The Black Swan》이라는 저서에서 우리가 전혀 예측하거나 예상하지 못한 일이 이 세상에 일어나는 변화를 실제로 좌우한다고 말했다. 여기서 '블랙 스완' 즉 검은 백조는 모든 백조가 희다고 믿었던 중세 시대의 통념을 가리키는 표현이다.

그때까지 발견된 백조는 예외 없이 모두 흰색이었다. 그런데 1697년에 네덜란드 출신의 탐험가인 윌리엄 드 블라밍(Willem de Vlamingh)이 검은 백조를 세상에 소개하면서 백조에 대한 정의가 뒤집히고 말았다. 니콜라스 탈렙은 이 일화를 통해 우리가 불가능하다고 생각하는 일이 의외로 자주 벌어진다고 말한다. 이와 마찬가지로 맬컴 글래드웰(Malcolm Gladwell)은 《티핑 포인트 The Tipping Point》라는 저서에서 새로운 경제 흐름의 물꼬가 되는 전환점이 존재한다고 기술했다. 뉴욕시의 범죄 발생율이 갑자기 줄어든 사건이나 허시파피와 같은 브랜드가 한순간에 전 세계적인 브랜드로 발돋움한 것을 예로 들 수 있다. 2001년 9월 11일에 벌어진 테러 사건처럼 아무도 예상치 못한 대형 사건 사고들은 언제 어디서나 벌어질 수 있다.

대비책을 마련한다

징신적으로 순비되지 않은 사람은 실패했을 때 큰 충격을 받는다. 어떤 일을 계획할 때 최소한 3가지 시나리오를 만들 수 있다. 결과가 낙관적인 것과 비관적인 것, 그리고 두 가지 상황의 중간 상태를 그린 시나리오이다. 이렇게 하면 비관적인 결과에도 어느 정도 대비할 수 있다. 현실적인 대비책도 중요하다. 예를 들어 취업 면접에서 합격할 확률이 10%에 불과한 사람은 어떻게 해야 할까? 한번이라도 합격 통보를 받으려면 면접을 열 번 봐야 하므로 면접 기회를 열심히 찾아다녀야 한다.

희망을 버리지 않는다

때로는 예상한 것보다 더 심각한 상황이 벌어질 수 있다. 혹시 이런 처지가 되더라도 너무 비관할 필요는 없다. 현실을 돌아보면 차마 눈 뜨고 보기 힘들 정도로 어려움을 겪는 사람들이 분명히 있다. 그런 상황에서도 낙담하지 않고 용기와 불굴의 의지만으로 역경을 극복하여 마침내 성공하는 사람들이 얼마나 많은가? 장 도미니크 보비(Jean-Dominique Bauby)는 유명한 프랑스 패션 잡지인 〈엘르 Elle〉의 편집장으로 승승가도를 달리고 있었다. 그런데 예기치 못하게 뇌졸중이 발생하여 왼쪽 눈을 제외한 전신이 마비되고 말았다. 하지만 그는 마음을 굳게 먹고 재활 의지를 불태웠다. 그는 눈을 깜박거리는 횟수로 (프랑스어의) 각 알파벳을 구분하여 의사를 전달했다. 옆 사람이 그가 생각하는 단어의 알파벳을 읽어 주면 눈을 깜박거리는 식이었다. 놀랍게도 그는 이런 방법으로 《잠수복과 나비 The Diving Bell and the Butterfly》라는 회고록을 저술하여 베스트셀러 작가가 되었다. 이 책은 영화로도 제작되었다. 그의 일화는 아무리 힘든 역경이 닥쳐도 희망이 있으며 상상을 초월한 업적을 이룰 수 있다는 점을 다시 한 번 일깨워 준다.

상황을 자신에게 유리한 방향으로 이끌어 간다

일이 계획대로 되지 않을 때를 대비하는 것도 필요하지만, 위기 속에서 새로운 기회를 발견할 수 있다는 가능성을 놓쳐서는 안 된다. 변화란 어려움을 낳기도 하지만 새로운 도약의 발판이 될 수도 있다. 역경이나 실패를 겪을 때 그 속에서 자신에게 유리한 상황으로 이용할 수 있는 것이 없는지 주의 깊게 찾아보기 바란다.

실수에서 배울 점을 찾는다

사람은 누구나 실수를 한다. 그런데 실수란 그저 우연히 일어나는 법이 없다. 거기에는 반드시 이유가 있다. 그러므로 모든 실수에는 반드시 배울 점이 있다. 비즈니스란 늘 변하는 것이므로 정해진 규칙이 없다. 시행착오의 연속이라고 말하는 것이 가장 정확할지도 모른다. 지금 안 되는 것은 무엇이고 앞으로 이루어질 것은 무엇인지 끊임없이 생각하고 판단해야 한다. 이러한 과정이 모여서 귀중한 경험이 되며, 앞으로 성공할 수 있는 가능성이 높아지는 것이다.

행동 계획을 세운다

어려움을 느끼는 부분을 종이에 적어 본다. 어떤 부분에 문제가 있는지 분석하고 해결책을 찾는다. 런던에서 유명한 디자인 에이전시를 운영하던 어느 기업가의 사례를 잠시 살펴보자. 불행하게 이 사람은 2010년에 파산을 맞았다. 그는 사업 계획을 처음부터 재검토한 결과, 자신이 MD로서 사업 확장에 한창 주력할 때 (직원들의 월급이나 사무실 임대료와 같은) 고정 비용이 크게 증가한 것을 알게 되었다. 그래서 사업을 다시 시작할 때에는 대부분의 직원을 필요에 따라 프리랜서로 채용하는 방식을 택하여 지금은 예전 어느 때보다 안정적으로 사업을 운영하고 있다.

행동 계획을 수립하려면 다음과 같이 자문해야 한다.
- 나에게 가장 핵심적인 비즈니스는 무엇인가? 실제 현금 수익이 발생하는 분야는 어느 것인가?
- 과도한 욕심을 부리는 것은 아닌가? 성장에 치중해서 필요 이상으로 투자하는 것은 아닌가?
- 사업 실적을 효과적으로 평가하고 있는가? 수익이 발생하지 않는 부문은 과감하게 정리하고 있는가?
- 경영 전략은 충실히 따르고 있는가?

환경은 바꿀 수 없지만 자신의 행동은 바꿀 수 있다

비즈니스에 성공하기 위하여 자신의 본성까지 바꿀 필요는 없다. 변화가 필요하다면 비즈니스 방식을 바꿀 수 있다. 아미르 하트먼(Amir Hartman)의 《비즈니스가 장벽에 부딪혔을 때 기업의 전략 Ruthless Execution》에서는 (시스코, GE, IBM과 같은) 대기업 총수들이 어려움에 처했을 때 어떻게 대처했는지 알려준다. 이 책의 요점은 다음과 같이 세 가지로 정리할 수 있다.

- 경영 전략을 재정비한다 – 지금 가장 시급하게 해야 할 일이 무엇인지 생각한다. 집중적으로 공략해야 할 사업 부문을 정하고 이를 개발하는 데 회사의 자원과 인력을 배정한다.
- 경영 규칙을 재정비한다 – 무엇을 할 것인지 결정했다면 이제는 목표를 이루는 데 가장 효과적인 규칙을 마련한다.
- 경쟁력을 높인다 – 목표 달성에 필요한 능력을 발전시키고 자원을 확보한다.

포기하지 않는다

리처드 브랜슨은 자신의 성공 비결이 '참고 견디고 또 인내하는 것'이라고 말했다. 그의 말에서 실패해도 다시 일어나 재도전할 수 있느냐에 따라 성공하는 사람과 실패하는 사람으로 나뉜다는 것을 알 수 있다. 실패와 실수는 무언가를 배울 수 있는 또 하나의 기회이다. 실패를 한번 경험하면 그만큼 경험이 늘어나는 것이고, 어떻게 해야 성공에 다가갈 수 있는지 알게 될 것이다.

피터 존스(Peter Jones)의 굳은 결심

영국의 기업가인 피터 존스는 어릴 때부터 백만장자가 되겠다는 꿈을 키웠다. 그는 아버지의 책상에 앉아서 대기업을 운영하는 부유한 비즈니스맨이 되면 어떤 기분일까라는 공상을 가끔 했다. 그는 불과 16세에 테니스 교실을 운영하는 등 비즈니스에 대한 남다른 재능을 일찍부터 드러냈다. 20대 초반에는 컴퓨터 사업으로 큰돈을 벌어서 멋진 집과 포르쉐를 손에 넣었다.

하지만 그는 사업을 계속 확장하다가 자금난에 발목을 잡히고 말았다. 결국 회사는 부도가 났고, 그는 다시 부모님의 집에서 살게 되었다. 어릴 때부터 꿈꾸던 부와 성공이 한순간에 사라지는 것은 참으로 절망적이었다.

피터 존스는 다시 정신을 가다듬고 컴퓨터 관련 사업에 뛰어들었으며 곧이어 음식점도 개업했다. 하지만 이번에도 두 가지 사업 모두 실패로 끝나고 말았다. 이 또한 그에게 큰 충격이었다. 하지만 그는 어떤 일이 있어도 재기에 성공하겠다고 다짐했다. 그는 가슴 아픈 일을 계속 겪었지만 부와 성공에 대한 강한 열망을 버리지는 않았다.

오뚝이처럼 다시 일어서다

존스는 28세에 지멘스 닉스도프(Siemens Nixdorf)라는 대기업에 입사했다. 밤낮을 가리지 않고 열심히 일한 결과, 1년 만에 PC를 취급하는 계열사의 책임자가 되었다.

그러나 존스는 거기에 만족하지 않았다. 예전처럼 자기 사업을 하겠다는 일념으로 열정을 불태웠다. 2008년 4월에 드디어 폰스 인터내셔널 그룹(Phones International Group)이라는 회사를 차리게 되었다. 자본이 부족한 탓에 여러 모로 어려움이 많았다. 초반에는 사무실 바닥에서 잠을 잘 정도로 환경이 열악했다. 그러나 사업은 날로 번창하여 연간 수입이 4,400만 파운드에 달하는 기업으로 성장했다.

〈선데이 타임스〉가 선정한 2011년 갑부 리스트에 의하면 피터 존스의 자산은 2억 2천만 파운드였다. 그는 통신, 방송, 외식업, 환경 등 다양한 분야에서 사업을 벌이고 있으며 직원 수는 1,000명이 넘는다. 뿐만 아니라 '드래건 덴(Dragon's Den)'이라는 리얼리티 프로그램의 멘토로 출연하여 그를 본받아 성공적인 사업가가 되기를 꿈꾸는 젊은 이들에게 도움을 주고 있다.

✔ 요점 정리

　제 8장에서는 크고 작은 문제를 하나도 겪지 않는 것만이 비즈니스에 성공한 것이 아니라는 점을 배웠다. 오히려 역경이나 어려움에 잘 대처하는 것이 비즈니스에서 매우 중요한 기술이다. 어려움이 생길 때 어떤 자세로 대하느냐가 향후 성공 여부를 결정하는 중요한 요소가 된다. 실수나 실패를 만회하려면, 예상치 못한 일이 생길 수 있다는 마음가짐으로 활동하고, 일이 잘 풀리지 않을 경우에 대한 대비책도 세워 놓아야 하며 무엇보다 더 중요한 것은 어려움을 끝까지 참고 이겨내는 인내심을 기르는 것이다.

제 9장

::

대중매체를 활용하라

❝ 우리는 소셜 네트워크를 기본으로 웹을 구축합니다. **❞**

마크 저커버그

대중매체를 관리해야 하는 이유

21세기는 대중매체가 주도하는 시대이다. 따라서 기업은 대중매체에 비춰진 이미지를 항상 관리해야 한다. 인터넷이 등장한 이래 서적, 텔레비전, 뉴스, 라디오와 같은 기존의 매체는 영향력이 크게 줄어들었다. 이제 전 세계는 하나의 네트워크로 연결되어 언제 어디서나 원하는 사람들과 쉽게 소통할 수 있다. 요즘처럼 정보가 널리 공개되고 공유되는 일은 역사상 어느 때에도 없었던 일이다.

그러므로 자신을 널리 알리려면 무엇보다도 대중매체 관리에 신경을 써야 한다. 이렇게 생각해 보자. 지금 당신에게 시장의 필요에 딱 맞는 혁신적인 신상품이 준비되어 있다. 이때 신상품이란 전문적인 기술과 경험을 갖춘 유능한 인재로, 당신 자신을 가리킨다. 그러나 능력과 경험만 갖춘다고 해서 문제가 해결되는 것은 아니다. 상품을 판매할 때 광고를 하듯이 자신을 알리기 위해 효과적인 프로모션 전략을 구상해야 한다. 이 전략이 효과를 발휘하면 기업가로서 탁월한 평판을 얻게 되어 고객층이 두터워지고 사업을 확장할 기회도 생긴다.

9장에서 배울 점

대중매체 관리에 대해 꼭 알아 두어야 할 점

전통적인 대중매체의 경우 :

- 주요 대중매체에 초점을 맞춘다
- 자신을 홍보할 수 있는 핵심적인 메시지를 만든다
- 눈길을 사로잡을 수 있는 방법을 찾는다
- 사고형 리더십(thought leadership)을 발휘한다
- 화제가 되는 뉴스에 주목한다

새로운 대중매체의 경우 :

- 새로운 대중매체의 중요성
- 소셜 미디어
- 목표로 삼을 대상을 정한다
- USP(unique selling point)를 드러낸다
- 자신의 위치를 정확히 결정한다
- 네트워크를 활용한다
- 메시지가 정확히 전달되었는지 확인한다
- 새로운 대중매체에 맞는 전략을 개발한다
- 분석하고 수정하고 개선한다
- 자신이 제시한 것은 반드시 책임을 진다

1부 : 전통적 대중매체

주요 대중매체에 초점을 맞춘다

최근에 와서 대중매체의 종류가 크게 달라졌다. 저널리스트로 활동하는 시민들이 많아졌으며 블로그가 큰 인기를 끌거나 취미, 관심사가 같은 사람들이 모여서 웹사이트를 형성하여 활발하게 교류하는 모습도 자주 볼 수 있다. 그러나 아직도 가장 신뢰할 만한 대중매체로 많은 사람들의 눈과 귀를 장악하는 것은 신문, 텔레비전, 라디오 및 주요 잡지나 일간지이다.

자신을 홍보할 수 있는 핵심적인 메시지를 만든다

주요 대중매체에 다가가기 전에 먼저 목표를 분명히 정해야 한다. 자신의 장점, 능력, 가치관 등을 토대로 대중매체를 통해 알리고 싶은 메시지를 정리혜 보자.

대중매체를 통해 알리고 싶은 메시지를 아래에 기록해 보자.

1. _____

2. _____

3. _____

```
4. _____
5. _____
6. _____
7. _____
8. _____
9. _____
10._____
```

눈길을 사로잡을 수 있는 방법을 찾는다

위의 메시지를 알리려면 우선 사람들의 눈길을 사로잡아야 한다. 엄청난 돌풍을 일으켜야만 성공하는 것은 아니다. 하지만 요즘처럼 너나 할 것 없이 유명세를 타려고 애쓰는 세상에서는 노력 없이 사람들의 눈길을 끌기가 쉽지 않다.

사고형 리더십(thought leadership)을 발휘한다

사고형 리더십은 대중매체를 활용하여 자신에 대한 메시지를 알리는 데 더할 나위 없이 효과적인 방법이다. 사고형 리더십이란 혁신적인 아이디어와 남다른 통찰력으로 인정받는 것을 뜻한다.

사고형 리더십이 뛰어난 사람으로 인정받으면 언론 매체들이 먼저 조언이나 자문을 청할 것이며 당신이 제시한 아이디어가 비즈니스 관계자들의 모임에서 자주 거론될 것이다. 바로 그런 기회를 통해 자신을 홍보할 수 있다. 이러한 기회가 계속 이어지면 당신의 비즈니스를 펼칠 장이 자연스럽게 만들어진다.

화제가 되는 뉴스에 주목한다

대중매체와 상호작용을 할 때는 반드시 화제가 될 만한 뉴스거리를 부각시켜야 한다. 그러면 대중매체의 기본적인 흐름에 자연스럽게 융화될 수 있고 동시에 저널리스트의 흥미를 자극하여 새로운 기사를 작성하게 만들 수 있다.

힌트박스

런던에 있는 투더포인트 홍보사(To The Point PR Agency)의 홍보 전문가이자 대표 책임자인 사이먼 호손-그린(Simon Howson-Green)에게서 대중매체를 다룰 때 반드시 알아야 할 상식을 몇 가지 배워보기로 하자.

▶ 반드시 해야 할 것

• 대중매체 관계자들을 만나기 전에 반드시 어떤 이야기를 할 것인지 생각해 둔다. 그들은 이야깃거리가 있는 사람에게만 호감을 보인다.

- 상대방이 누군지 분명히 확인한다. 요즘에는 신문사 등에 전화를 하면 아무런 권한이 없는 인턴이 전화를 받는다. 이런 사람에게는 아무리 좋은 이야기를 해줘도 결정권이 없으므로 쇠귀에 경 읽기나 다름없다. 예의 바르고 우호적인 태도를 취하되, 당신의 이야기를 듣고 평가하여 효과적인 의사 결정을 할 수 있는 사람을 먼저 찾아야 한다. 가능하면 이름을 미리 알아내어 전화를 바꿔 달라고 요청할 수 있다. 그러면 통화대기음을 들으며 초조하게 기다리지 않아도 된다.

- 상대방이 내가 누구인지 알고 있을 것이라는 자신감을 갖는다. 혹은 내가 누구인지 당연히 알고 있어야 한다는 뉘앙스를 풍길 필요도 있다. 당신을 알아보지 못해서 미안하게 여기도록 만들면 좋다. 그렇다고 무조건 거만하게 굴어서는 안 된다. 예의를 지키는 것이 상대방에게 더 존중을 받는 지름길이다.

- 한번에 한 가지만 이야기한다. 상대방이 좋은 기삿거리라고 생각할 만한 이야기를 내놓아야 한다. 들을 만한 가치가 있다고 생각하면 상대방이 먼저 전화를 끊는 일은 없을 것이다. 어떤 이야기를 제시하느냐에 따라 상대방의 반응은 극적으로 달라질 것이다.

- 당신이 연락한 언론사 또는 전화를 받고 있는 담당자에 대해 어느 정도 알아야 한다. 언론사나 상대방이 전혀 관심이 없는 주제라면 아예 이야기를 꺼내지 않는 편이 낫다.

- 이야기의 주제를 분명히 드러내고 흥미를 유발하도록 구성한다. 실전 경험과 지식이 풍부하며 현재 뉴스거리가 된 주제를 누구보다 잘 아는 사람으로 본인을 소개한다. 이야기의 초점을 서서히 자신의 기여도를 설명하

는 방향으로 이끌어 간다.

- 저널리스트에게 자신을 소개하는 방법에도 주의를 기울여야 한다. 개인 웹사이트가 있거나 기타 유용한 정보가 있으면 적극적으로 홍보한다. 일단 당신에 대한 관심이 생기면 상대방은 당신의 말이 끝나기도 전에 구글 검색창에 당신의 이름을 입력할 것이다.

- 저널리스트보다 주제에 대해 더 많이 안다는 인상을 주어야 한다. 그래야 저널리스트는 당신의 이야기에 귀를 기울일 가치가 있다고 느낄 것이다. 아는 척만 하는 것이 아니라 실제로 관련 자료를 모두 파악하고 있어야 한다.

- 저널리스트의 관심을 얻은 뒤에는 자신에게 연락할 수 있는 방법을 모두 알려주고, 상대방의 연락처, 이메일 등을 얻어낸다.

- 저널리스트의 연락처 목록에 저장해 둘 만한 사람이라는 평가를 얻어야 한다. 그들의 연락처는 기사화할 만한 인물들로 구성되며, 당신도 그중 한 사람이 될 수 있다.

- 통화가 끝난 뒤에는 반드시 이메일로 간추린 내용을 보내준다. 이렇게 하면 저널리스트가 당신의 이야기를 뉴스 편집자에게 편하게 넘길 수 있다.

▶ 절대로 하면 안 되는 것

- 처음 연락하자마자 만나서 식사를 대접하겠다고 제안하면 안 된다. 이야기를 하는 것 외에 다른 제안을 하지 않는 편이 낫다. 만나서 이야기하자는 말은 상대방이 먼저 하도록 유도해야 한다.

- 요점을 분명히 드러낸다. 너무 많은 정보를 주려고 하면 오히려 저널리스

트가 헷갈려 요점을 놓칠 우려가 있다.

- 다른 사람을 비하하거나 깎아내리는 이야기는 피한다. 그런 이야기는 정치가나 오락 프로그램 사회자의 전유물로 남기는 것이 좋다.

- 전화 한 통으로 충분하다고 생각하면 안 된다. 저널리스트는 기사화할 만한 이야기를 잘 기억하는 것이지 기사화할 만한 가능성이 있는 이야기까지 모두 기억하는 것이 아니다. 필요에 따라 전화를 몇 번 더 해야 한다.

- 연락이 끊기지 않도록 잘 관리한다. 가장 도움이 될 만한 저널리스트 5명을 정해서 친해지려고 노력한다. 같이 차를 마실 기회를 만들거나 한 달에 한번 정도 안부 전화를 할 수 있고, 가벼운 술자리를 만들 수도 있다.

- 이야기를 과도하게 포장하거나 반대로 너무 간략하게 줄이는 것은 좋지 않다.

- 멋쩍어 하거나 낯을 가리면 안 된다. 저널리스트와 대화하는 것 자체가 굉장히 부담스러운 일은 맞지만 이 시점에서는 이야기의 주도권이 당신에게 있다. 그러므로 자신감을 가지고 분위기를 리드해야 한다.

- 특별히 공개하는 이야기라는 말을 주저하면 안 된다. 내용에 자신이 있다면 특별한 이야기라는 말로 시작해도 좋다.

- 궁극적인 목표는 이야기 전달이 아니라 당신을 성공적으로 판매하는 것이다. 이 점을 기억하고 있다는 것은 굉장히 큰 차이를 가져올 수 있다. 대중매체에 접근하게 된 계기는 결국 자신을 판매하기 위한 것이지 이야기 한 편을 세상에 공개하기 위한 것이 아니다. 처음부터 대중매체에 자신의 이야기를 판매할 목적이 아니었다면 이 점을 명심해야 한다.

2부 : 새로운 대중매체

새로운 대중매체의 중요성

인터넷이 전 세계적으로 보급되면서 현대 비즈니스 세계에서 새로운 대중매체의 중요성은 날로 커지고 있다. 예를 들어 우리가 운영하고 있는 MBA 앤 컴퍼니(MBA & Company)도 인터넷 때문에 많은 변화를 겪었다. 이 회사는 전 세계 25개 주요 경영대학원 졸업생들이 몸담고 있는 국제적인 커뮤니티이다.

우리는 직접 각국의 기업을 방문하여 컨설턴트로서 조언을 해주며, 우리가 지원하는 프로젝트에 맞는 인재를 직접 소개해 주기도 한다. 현재 이러한 활동은 거의 다 온라인으로 진행되고 있다. 호주, 프랑스, 영국, 브라질, 남아프리카, 미국, 스페인, 카자흐스탄을 비롯한 세계 곳곳에 진출할 수 있었던 이유는 바로 인터넷이다. 인터넷이 아니었다면 단시간에 이처럼 기업 규모를 키우지 못했을 것이다.

소셜 미디어

소셜 미디어는 개인이 직접 나서서 혁명을 주도할 수 있는 기회를 마련해 준다. 물론 직장에서도 인정받으며 경력이나 기술, 자질 등 어느 것 하나 빠지지 않는다고 자부할지 모른다. 그러나 대중의 눈과 귀를 사로잡을 수 있는 전략이 없으면 모든 것이 물거품이 될 수 있다. 아무리 실력이 뛰어나도 대중매체의 관심을 끌지 못하면 이름을 알릴 수 없듯이 요즘 세상은 실력이 뛰어난 전문가나 전도유망한 사업가라 할지라도 소셜 미디어 전략이 없으면 성공할 수 없다.

2011년 10월 24일, 미국에서 구직을 원하는 성인 2,049명을 대상으로 실시한 설문 조사에 따르면 일자리를 찾을 때 페이스북을 사용하는 사람이 83%, 링크드인을 사용하는 사람은 46%, 트위터에 의존하는 사람은 31%에 달한다고 한다. 링크드인의 사용자는 9천만 명이며, 비아데오(Viadeo)는 3천만 명, 씽(Xing)은 1천만 명으로 알려져 있다.

이런 경쟁에서 살아남으려면 일단 차별성이 있어야 하고 남의 시선을 사로잡기에 충분한 매력을 갖추어야 한다.

목표로 삼을 대상을 정한다

앞서 1부에서 설정한 목표는 인터넷에 올릴 프로필을 작성할 때 매우 중요한 역할을 한다. 프로필에는 자신이 앞으로 어떻게 인생을 살 것인지, 무엇을 목표로 나아갈 것인지 분명히 드러나야 한다.

자신이 꿈꾸는 자리에 이미 올랐거나 당신이 입사하려는 기업에 이미 몸담고 있는 사람의 프로필을 찾아보는 것도 도움이 된다. 그러면 구체적으로 어떤 자질과 기술이 필요한지 알 수 있다.

소셜 미디어의 최대 장점은 바로 소통이다. 이곳에 가면 사람들과 자유롭게 대화할 수 있다. 자신의 경험을 들려줄 수 있고 조언을 구할 수도 있다. 이렇게 여러 사람의 이야기에 귀를 기울인 다음 그에 따라 프로필을 꾸미거나 수정할 수 있다. 그러면 사람들의 눈길을 사로잡을 확률이 높아지며 지원자로서 본인의 자질을 효과적으로 부각시킬 수 있다. 사업가라면 고객의 마음을 사로잡는 데 반드시 성공할 것이다.

USP(unique selling point)를 드러낸다

프로필을 한 단계 더 업그레이드하는 방법은 자신만의 USP를 알리는 것이다. 우리는 이미 제 1장에서 USP를 살펴보았다. 소셜 미디어를 통해 여러 사람의 의견을 구한 다음, 이를 토대로 자신의 USP를 어떻게 프로필에서 강조할 것인지 연구해야 한다.

자신의 위치를 정확히 결정한다

인상적인 평판을 얻으려면 대중매체에 어떤 이미지를 가장 두드러지게 강조해야 할까?

우선, 지금 자기가 하는 일과 직위 및 사회적 인지도 등을 밝힐 수 있다. 당신의 경력을 이해하고 평가하는 데 도움이 된다면 과거의 경력도 일부 언급할 수 있다. 과거의 경력을 강조하면 상대방은 당신의 전문성이 얼마나 포괄적인지 쉽게 파악할 수 있다.

네트워크를 활용한다

링크드인과 같은 소셜 네트워크를 보면 프로필에서 인맥이 많을수록 얼마나 유리한지 이해할 수 있다. 폭넓은 네트워크를 확보하면 그만큼 사회 활동이 많고 교류가 활발한 편이므로 유용하고 중요한 인재라는 평판을 얻을 수 있다. 인맥을 넓히려면 다양한 모임, 포럼, 블로그 등에 참여해야 한다. 이렇게 하면 소셜 네트워크의 폭도 넓어지고, 동업자를 찾거나 사원을 모집하는 인사 담당자의 눈길을 사로잡을 기회도 생길 수 있다.

메시지가 정확히 전달되었는지 확인한다

소셜 네트워크에 공개하는 프로필은 개인을 대표하는 브랜드이다. 홍보가 잘되면 성공하지만 자칫하면 부정적인 이미지로 낙인찍힐 우려도 있다. 따라서 프로필의 문장은 간결하면서 강한 느낌을 전달해야 한다. 프로필을 작성할 때 유의할 점은 다음과 같다.

- 지금까지 활동한 분야
- 주요 경력
- 기술 자격, 학위 등

예를 들어 여러 분야에서 일한 경험을 모두 나열하여 폭넓은 경험을 갖추었다는 이미지를 줄 수 있다.

예시 : '5년 이상' 서비스업, 약학, 자동차, 미디어, 소비재 산업의 프로젝트를 컨설팅한 경험이 있음.

주요 경력을 기술할 때 가능한 긍정적인 표현을 사용한다. 비슷한 표현이라도 긍정적이고 역동적인 표현을 사용하면 상대방에게 훨씬 좋은 인상을 줄 수 있다. 프로필 작성에 쓸 만한 동사 몇 가지를 정리하면 다음과 같다.

감독하다   개발하다   건설하다   고안하다   구체적으로 계획하다

남들보다 앞서가다   능숙해지다   다양화하다   모집하다   생산하다

설계하다   성취하다   수행하다   실행하다   연구하다   이루다

적극적으로 관여하다   제시하다   직접 참여하다   처리하다

초안을 세우다   최초로 시도하다   틀을 잡다   협상하다

훈련을 실시하다/가르치다

자신의 프로필에 사용할 수 있는 단어를 간추린 다음, 그중에서 마음에 드는 표현 몇 가지를 선택한다. 단, 본인이 목표로 삼고 있는 직위의 지원 자격에 어긋나지 않아야 한다. 지원 자격을 염두에 두고 선택한 표현에 순위를 매긴다. 즉, 어느 표현이 가장 유리하게 보일지 판단한다. 이런 방식으로 목표로 삼은 직위에 어울리는 표현들을 선별한다.

이제 자신의 경력을 지원 자격과 하나씩 연결해 본다.

예시 :

1. 조정 위원회 앞에서 시장 분석 결과를 보고했다. 완벽한 프레젠테이션 기술을 요하는 작업이었다.

2. 문제 해결 및 유연한 접근성이라는 장점을 살려서 전략 개발에 적극적
   으로 참여했다.

3. _____

4. _____

5. _____

  각 문장을 만들 때 자신의 USP를 분명히 드러내야 한다. 이렇게 자문
해 보면 도움이 될 수 있다. 내가 만약 경력 사원을 뽑는 사람이라면 어
떤 자질을 가진 사람을 택할 것인가? 자신의 장점과 주요 경력 중에서
USP가 될 만한 것을 강조해야 한다. 이왕이면 최근의 직위나 업적을 강
조하는 것이 더 유리하다. 그러면 이제 프로필에 언급할 업적을 뒷받침
한 기술이나 자질이 무엇인지 정리해 보자.

〈예시〉
학습 속도가 빠르다. 생각하는 방식이 창의적이고 독특하다.
유연하게 문제에 접근한다. 대인관계 기술이 뛰어나다. 새로운 환경에 쉽게
적응한다. 팀원으로서 자신의 역할을 충실히 수행한다. 외국어 구사능력이
뛰어나다. 협상을 잘한다. 문제 해결 속도가 빠르다. 목표 지향적이며 전문성
이 높다. 폭넓은 경력을 자랑한다. 자료 분석 능력이 뛰어나다.

  위와 같이 정리해 보면 지금까지 살아오면서 여러 가지 자랑스러운 일
을 해낼 수 있었던 원동력이 무엇인지 알 수 있다.

새로운 대중매체에 맞는 전략을 개발한다

소셜 미디어를 활용하는 목적을 분명히 알고 있어야 한다. 또한 친구들이 찾아오는 페이스북의 프로필이나 직장 동료 및 업무 관계자들이 주로 사용하는 링크드인의 프로필은 거짓이 없어야 한다. 요즘은 정보를 쉽게 공유, 열람할 수 있기 때문에 거짓이 드러나면 평판에 큰 타격을 입을 수 있다. 최근에 실시된 설문 조사에 의하면 기업이 사원을 모집할 때 링크드인이나 페이스북 등의 소셜 미디어에서 지원자들의 인적 사항을 점검하는 기업이 상당히 늘어나는 추세라고 한다. 뿐만 아니라 이런 방식으로 프로필을 확인한 후에 지원자를 탈락시킨 기업도 점차 많아지고 있다. 그야말로 정보화 시대에는 소셜 미디어를 통해 불특정 다수에게 공개한 자료도 중요한 의미를 갖게 된 것이다.

분석하고 수정하고 개선한다

열린 마음으로 피드백을 수용하고 그에 따라 수정, 개선할 준비가 되어야 한다. 뜻한 바가 이루어지지 않을 때에는 이유를 분석하고 전략을 수정해야 한다. 이 경우에도 소셜 미디어를 활용할 수 있다. 성공한 사람들의 프로필을 분석해 보고, 포럼이나 블로그에 자신의 프로필을 제공하여 건전한 피드백을 요청할 수 있다. 이렇게 하면 프로필 전략에서 부족한 점을 손쉽게 찾아낼 수 있다.

자신이 제시한 것은 반드시 책임을 진다

이미 언급했듯이 대다수의 기업들이 직원을 뽑거나 거래처 또는 동업자를 찾을 때 소셜 미디어의 프로필을 반드시 확인한다. 그러므로 업무용으로 작성한 프로필에는 개인적인 사회 활동을 언급하지 않도록 한다. 예를 들어 개인적 공간인 페이스북의 프로필에는 클럽을 좋아한다거나 파티를 즐긴다는 표현을 쓸 수 있지만, 링크드인의 프로필에는 넣지 말아야 한다. 한편, 장기적으로 볼 때 정보의 투명성과 소셜 미디어를 통한 자기 홍보를 계속하려면 프로필을 이렇게 두 가지로 계속 유지하는 것도 어려운 일이다. 온라인상에서 두 가지 신분을 계속 관리하기란 만만치 않은 일이며 또한 사생활의 일부라 하더라도 프로필에 한번 언급한 내용은 온라인상에서 영구적으로 남아있기 때문이다.

힌트박스

▶ 바이럴 마케팅(Viral Marketing)

디지털 시대에 최대한 많은 사람들에게 가장 효과적으로 홍보하는 방법은 '바이럴 웹 전략(viral web strategy)'이다. 이것은 웹사이트에 독립적인 시스템이 있어서 바이러스처럼 각 사람에게 퍼져나가는 방식이다. 페이팔(PayPal)을 창립한 맥스 레브친(Max Levchin)은 바이럴 전략이 성공의 결정적인 이유가 된 배경을 이렇게 설명했다(창립한 지 4년 만에 15억 달러에 이베이(eBay)에 넘겼다).

"처음부터 바이럴 전략을 기반으로 비즈니스를 구상했습니다.

쉽게 말해 회원이 아닌 사람에게도 캐시를 보낼 수 있습니다. 만약 제가 10달러를 당신에게 보내면 당신은 아마 '귀하에게 10달러를 드립니다. 회원가입만 하면 받을 수 있습니다.'라는 이메일을 받을 겁니다. 아무 이유 없이 돈을 준다는 것만큼 효과적인 바이럴 전략은 없을 겁니다.

이베이 사이트의 구매자와 판매자 사이에는 이런 대화가 계속 발생할 겁니다. 구매자가 '페이팔로 결제할게요.'라고 하면 판매자가 '페이팔 결제는 받지 않습니다.'라며 난색을 표하는 거죠. 그러면 구매자는 '간단해요. 회원 가입만 하시면 됩니다. 그러면 제가 10달러를 드릴 수 있어요.'라고 설명해 주는 거죠. 그러면 판매자도 페이팔 회원이 될 겁니다. '우와, 정말 간단하네요. 앞으로는 페이팔 결제만 받아야겠어요.'라는 반응이 나오지요."

– 《세상을 바꾼 32개의 통찰 Founders at Work》 중에서

바이러스성 전략은 지속적으로 관리를 할 필요가 없으며 영구적인 효과가 있다. 온라인 사업에 성공한 기업들은 대부분 이 전략을 사용한다.

사례 연구 ::
마크 저커버그의 페이스북

페이스북을 만든 마크 저커버그는 인터넷 시대, 디지털 시대에 대중매체를 효과적으로 관리할 때 얼마나 큰 성공을 거둘 수 있는지 여실히 보여주는 인물이다.

그는 2002년 9월에 하버드 대학에 입학하여 컴퓨터 공학을 공부했다. 그는 십대 시절에 이미 사람마다 좋아하는 음악이 무엇인지 '학습'하는 기능이 있는 소프트웨어를 개발할 정도로 프로그램에 남다른 재능이 있었다. 마이크로소프트는 이 프로그램을 사려고 무려 100만 달러를 제안한 바 있다.

화이트보드

하버드에 입학할 때 마크 저커버그는 기숙사 방에도 들어가지 않을 정도로 커다란 화이트보드를 가져갔다. 그는 몇 시간이고 화이트보드 앞에 서서 프로그래밍에 도움이 되는 아이디어를 생각했다. 지나가는 사람들이 쳐다봐도 아랑곳하지 않았다. 한마디로 그는 컴퓨터에 푹 빠져 사는 학생이었다. 시간이 나면 인터넷 검색을 하거나 컴퓨터 프로그램에 매달렸다.

흥미롭게도 마크 저커버그는 여학생들이 서로의 외모를 비교하여 순위를 매기는 '페이스매시'라는 프로그램을 만들었다. 이 프로그램은 금세 큰 인기를 얻었으며 하룻밤 사이에 방문자가 2만 명이 넘어 하버드 인터넷 시스템을 마비시킨 적도 있었다. 그는 인터넷 사용자들이 흥미를 보일만 한 주제를 정확히 파악하고 있었던 것이다.

페이스북의 탄생

하버드 교내에는 기업가로서 일찍이 두각을 나타내는 학생들이 많았다. 기숙사 생활을 하면서 창업을 하는 학생들도 적지 않았다. 그래서 마크 저커버그가 '페이스북'이라는 소셜 네트워크를 만들었다는 소식에도 별로 놀라는 사람이 없었다. 그전까지는 '프렌드스터(Friendster)'라는 소셜 네트워크를 사용하고 있었는데 사용자가 너무 많아서 네트워크의 기능을 제대로 수행할 수 없었다. 프렌드스터의 최대 약점은 서버가 엄청난 수요를 감당할 수 없다는 것이었다. 그 무렵에 '미이스페이스닷컴(Myspace.com)'이라는 또 다른 소셜 네트워크가 등장하여 주목을 받았다. 여기에서는 사용자들이 가명을 사용할 수 있었고, 자기 페이지를 마음대로 꾸밀 수 있었으며 전혀 모르는 사람과도 친구가 될 수 있었다. 그야말로 모든 것이 자유롭게 허용되었다. 하지만 페이스북은 하버드 이메일 주소로 가입하기 때문에 아무도 신분을 감추거나 위장할 수 없었다.

페이스북이 역사상 어느 대중매체와도 비교할 수 없는 속도로 성장할 수 있었던 이유는 바로 친구를 초대하는 것에 있었다. '페이스북에서 유일하게 곧바로 시도할 수 있는 것이 바로 친구 초대이다. 페이스북의 눈부신 성장은 바로 순수함이었다.'

– 《페이스북 효과 The Facebook Effect》, 2010년

이처럼 효과적인 바이럴 성장 전략에 힘입어 페이스북은 하버드를 넘어 여러 대학에 보급되었으며 불과 며칠 만에 재학생의 절반을 매료시켰다. 페이스북을 한번 맛본 사용자는 어김없이 다시 이 사이트를 찾았다. 사람들이 새로 남긴 메시지가 있으면 친절히 알려주는 기능도 있고 친구 맺기 요청이나 사진 업데이트를 확인하기 위한 것이었다. 페이스북은 다른 웹사이트에서 전혀 경험해 보지 못한 방식으로 사용자들 사이에 끈끈한 유대감을 형성해 주었다. 그래서 페이스북 사용자들은 거의 매일같이 사이트를 찾게 되었으며 시간이 흘러도 흥미를 잃는 일이 거의 없었다.

냅스터, 플락소 등의 닷컴 창립자인 숀 파커(Sean Parker)도 페이스북 운영진에 합류했다. 그는 미국의 테크놀로지 산업이 발전하도록 지원한 벤처 자본가 커뮤니티에 대해 알려주었다. 파커는 벤처 자본가들로부터 적극적인 투자를 유도하고 독특한 사용자 통계 방식으로 여러 차례 수백만 달러의 자금을 조달하여 페이스북의 발전에 크게 기여했다.

진정한 의미의 신개념 대중매체

마크 저커버그는 기존의 온라인 광고를 도입해 보라는 제의가 빗발쳤으나 단 한번도 이에 응하지 않았다. 그는 자신이 개발한 사이트에서 자체적으로 수입을 창출하는 방법을 찾아냈다. 페이스북은 광고업자들에게 신상 정보 확인을 통해 각 사용자에 대한 구체적이고 광범위한 정보를 제공한 최초의 사이트였다. 덕분에 광고업자들은 구체적인 홍보 대상을 설정하여 효과적으로 광고를 시도할 수 있었다.

페이스북이 상업적으로 성공할 수 있었던 또 다른 이유는 바로 '플랫폼' 역할이다. 빌 게이츠는 PC용 소프트웨어를 개발하여 플랫폼을 제공했다. 즉, 사람들이 인터넷에 맞는 상품을 개발할 가능성을 열어준 것이다. 그 덕분에 빌 게이츠는 세계 최대의 갑부가 되었다. 페이스북도 사용자들이 다양한 소프트웨어를 무료로 활용하여 비즈니스를 하도록 마련해 주었다. 페이스북에 형성된 인맥은 비즈니스에 곧바로 동원될 수 있다는 장점이 있었다.

페이스북 개발자들은 사람들이 인터넷을 통해 공유할 수 있는 것의 한계를 계속 넓히고 있다. 지금도 페이스북은 여러 가지 사회적 장벽을 넘어 여러 나라에 보급되고 있다. 2012년 1월 통계에 의하면, 페이스북 사용자는 8억 명을 넘어섰으며, 대다수의 사용자들이 매일 페이스북을 방문하고 있다. 역사상 페이스북에 비교될 정도로 사용자들의 참여가 많은 사람들에게 영향력을 행사하는 대중매체는 없을 것이다.

2011년에 골드만 삭스가 디지털 스카이 테크놀로지에 페이스북 주식을 넘길 때, 이 회사의 가치를 500억 달러로 평가한 것을 보면 페이스북의 영향력을 새삼 실감하게 된다. 마크 저커버그는 현재 전 세계에서 가장 젊은 갑부이다.

✔ 요점 정리

제 9장에서는 전통적인 대중매체와 새로 등장한 대중매체를 효과적으로 관리하는 것이 중요한 이유를 다루었다. '사고형 리더'다운 면모를 드러내야 언론사 관계자들과 의미 있는 인터뷰를 시도할 수 있다. 또한 프로필에 자신만의 USP를 분명히 드러내고 자신의 업적, 재능을 적극적으로 알려야 한다. 물론 제대로 된 언론사를 찾아서 효과적인 방법으로 홍보하는 것 또한 중요한 문제이다. 디지털 시대에 대중매체의 영향력은 매우 지배적이다. 이 점을 잘 이용하면 예전에는 상상도 할 수 없을 정도로 널리 자신을 알릴 기회를 얻게 될 것이다.

제 10장

::

리더십

> ❝ 리더가 되기 전에는 자기 자신을 개발하는 것이
> 성공의 전부이다. 그러나 일단 리더가 되고 나면
> 다른 사람이 개발하도록 돕는 것이 성공을 뜻한다. ❞

잭 웰치

리더십이 중요한 이유

리더십은 인간의 행동을 주도하는 요소 중 가장 효과적인 방법이다. 다른 사람이 당신의 목표나 의도에 따라 움직이도록 설득하고 이끌어 갈 수 있다면, 마음먹기에 따라 어떤 일도 해낼 수 있다.

비즈니스에서 자신의 가치를 입증하면 직업을 찾거나 유지하는 데 도움이 된다. 그러나 자기 사업을 하거나 기업 경영에 참여할 기회는 갖기 어려울 것이다. 월급쟁이에 만족하지 않고 진정한 의미의 사업가로 성장하기 원한다면 유능한 리더가 되어 다른 사람을 이끌 줄 알아야 한다.

10장에서 배울 점

훌륭한 리더가 되기 위해 알아 둘 점은 다음과 같다.

개인적 리더십

- 리더십 비전을 세운다
- 리더로서 모범을 보인다
- 권한을 나누어 준다
- 실적에 따라 보상을 제공한다
- 부족한 사람을 잘 관리한다
- 자신을 늘 점검한다
- 가치관의 차이를 활용한다

팀 단위의 리더십

- 인식
- 갈등
- 동화
- 성취

1부 : 개인적 리더십

리더십 비전을 세운다

리더로서 가장 먼저 고민할 점은 '팀원들을 어디로 이끌어 가야 하는

가?' 이다. 다시 말해서, 사람들과 함께 공유할 수 있는 비전을 세워야 하는데, 이때 다음과 같은 점을 고려해야 한다.

- **동기를 부여한다** – 모든 주주들이 원하는 것이자 그들도 기여할 수 있는 시나리오를 구상해서 들려준다.
- **현실적이어야 한다** – 성취 가능성이 있어야 한다. 불가능한 일이라는 것을 알면서도 도전하는 것은 정말이지 기운 빠지는 일이다. 물론 경우에 따라 상당히 어렵고 수준이 높은 목표를 세워야 할 때가 있다. 그래도 이 목표를 달성할 역량이나 가능성이 충분하다는 확신을 보여야 한다.
- **유연하게 대처한다** – 상황이 달라지거나 예상치 못한 문제가 생겼을 때 적절히 대처할 준비가 되어 있어야 한다.
- **충분한 상의를 거친다** – 명확하고 구체적인 방법으로 모든 사람에게 목표를 이해하게 도와준다.
- **과정도 결과도 모두 공유해야 한다** – 목표를 이루었을 때, 결과나 혜택은 리더 한 사람만 누리는 것이 아니라 전체가 함께 기뻐하고 공유할 수 있어야 한다.

리더로서 모범을 보인다

무엇보다도 100% 믿을 수 있는 리더라는 것을 증명해야 한다. 그러면 팀원들도 누가 먼저랄 것 없이 최선을 다할 것이다. 먼저 자신의 행동이 목표와 일치해야 다른 사람들도 열심히 참여하려는 의욕을 갖게 된다. 스포츠 팀을 잠깐 생각해 보자. 훌륭한 코치는 무엇보다도 팀원들에게 모범을 보인다. 일상적인 행동이나 말에 팀 전체의 목표와 가치관을 중시하는 태도가 묻어난다. 역사적으로 이름을 떨친 훌륭한 리더는 실제로 목숨을 바칠 정도로 열성적이었다. 마하트마 간디도 목표와 행동이 일치하는 것이 중요함을 강조하면서 다음과 같이 의미심장한 말을 남겼다. "이 세상을 변화시키고 싶다면 가장 먼저 당신부터 변해야 합니다."

권한을 나누어 준다

사람들은 의사결정에 직접 참여할 수 있는 환경에서 더 협조적이 되는 경향이 있다. 그러므로 팀원들이 뭉치게 하려면 책임과 권한을 어느 정도 나누어 주어야 한다. 리더인 당신이 직접 처리할 수 있는 일도, 찾아보면 더 좋은 방법이 늘 있기 마련이다. 훌륭한 리더는 할 일을 정해주고 통제, 감시하는 것이 아니라 팀원들이 각자의 판단에 따라 행동하고 자신의 역량을 최대한 발휘하도록 격려해 주는 것이다. 그렇게 하려면 팀원들에게 프로젝트에 대하여 주인 의식을 갖게 해주고, 그에 대한 책임도 함께 나누게 한다. 바람직한 리더는 잔소리를 늘어놓는 것이 아니라 늘 격려하고 어려운 일은 함께 고민한다. 그렇게 하면 팀원들이 리더를 존경하고 잘 따르게 되며 팀 전체의 목적을 이루는 데 전력을 다하게 된다. 드와이트 아이젠하워(Dwight Eisenhower)는 이런 말을 했다. "리더십이란 내가 하고 싶은 일이 있을 때 다른 사람들도 그 일을 하고 싶게 만들어 그 사람들의 손을 빌려 해내는 기술이다."

실적에 따라 보상을 제공한다

적절한 비유는 아닐지 모르지만, 리더가 되는 것은 아이를 키우거나 애완동물을 돌보는 것과 비슷한 점이 많다. 특수견을 훈련시키는 전문가들은 긍정적인 피드백과 칭찬을 자주 사용한다. 훈련견이 임무를 잘 수행하면 칭찬해 주고 따뜻한 관심을 보여주며 보상도 잊지 않는다. 사람도 마찬가지이다. 팀원 중 누군가가 맡겨진 일을 제대로 해내면 크게 칭찬해 주고 앞으로 다른 일도 그렇게 하면 된다고 격려한다.

이렇게 부서나 팀 내에서뿐만 아니라 기업 전체에 실적에 대한 충분한 보상을 제공하는 분위기가 형성되어야 한다. 업무를 잘 처리한 사람은 칭찬과 격려, 승진까지도 기대할 수 있다. 그래야 팀원들은 힘을 내고, 리더는 적재적소에 인재를 배치하여 팀 전체를 효율적으로 이끌어 갈 수 있다.

부족한 사람을 잘 관리한다

팀원들을 대할 때 부족한 사람을 나무라는 것은 별로 효과적인 방법이 아니다. 일을 배우는 과정에서는 시행착오가 필연적으로 발생한다. 따라서 리더는 실수가 당연히 생길 것으로 예상해야 한다.

그런데 경험이 많은 팀원의 실적이 예상외로 저조한 경우는 어떻게 해야 할까? 이런 경우에도 듣기 싫은 말을 하거나 불이익을 가하는 것은 바람직하지 않다. 그보다 팀 전체가 주기적으로 모여서 어떤 점이 부족한지 토의하고 리더가 도와줄 수 있는 방법을 찾는 것이 낫다. 이렇게 하면 리더와 각 팀원 사이의 교류가 활발해지며, 일이 서툴거나 실수가 많은 팀원이 의기소침해지고 낙오되는 일을 방지할 수 있다.

자신을 늘 점검한다

제 5장 감정이입에서 이미 말했듯 감성 지능은 리더가 반드시 갖추어야 할 덕목이다. 또한 훌륭한 리더는 자신을 점검하고 자제할 줄 아는 사람이다. 리더의 역할은 팀 전체를 특정 방향으로 이끄는 것이다. 리더가 팀 전체에 주는 영향은 매우 강력하므로 리더는 자신이 어떤 상태인지 끊임없이 점검해야 한다. 이때 상사와 팀원들 모두에게 피드백을 받는 이른바 360도 다면평가를 실시하면 도움이 된다. 이렇게 하면 리더로서 팀 전체에 미치는 긍정 또는 부정적인 영향을 한번에 파악할 수 있다.

가치관의 차이를 활용한다

팀원들은 저마다 장단점이 있으므로 그들 모두가 어떤 일을 동일한 수준으로 해낼 것으로 기대해서는 안 된다. 마이어스-브리그스의 성격 검사 등을 활용하여 사고형과 감정형, 계획형과 직관형 등으로 팀원들을 분류해보면 어떨까? 그러면 조직하고 계획하는 업무를 잘하는 사람과 일일이 계획하지 않지만 융통성이 있고 임기응변에 강한 사람을 구별할 수 있다. 사실 업무처리 방식에는 하나의 정답이 존재하지 않는다. 각자 새로운 일을 맡을 때마다 자기에게 편리하거나 익숙한 방식으로 처리할 뿐이다.

글로벌 현상이 뚜렷한 현대 경제에서는 문화적 차이를 고려하는 것 또한 중요하다. 국적이 다르면 자라온 문화적 배경이 다르므로 태도나 가치관이 차이가 날 수밖에 없다. 기어트 호프스테드(Geert Hofstede, 네덜란드의 사회심리학자)는 1960년대와 1970년대에 걸쳐서 40개국 출신익 IBM 직원 11만 6천 명을 대상으로 실문 조사를 실시했다. 그 조사는 다양한 분야에서 문화적 태도가 어떻게 달라지는지 알아보는 것이었다.

- 권력 간격(power distance) : 사회 구성원들이 조직 내에 불균등하게 분배된 권력을 받아들이는 정도 〈예시 : 직장 상사와 직원의 관계〉
- 불확실성의 회피(uncertainty avoidance) : 사회가 미래의 모호함에 대처하는 상태 및 사람들이 불확실성 때문에 느끼는 불안감
- 집단주의 / 개인주의 : 개인 또는 집단의 성과 및 인간관계를 중시하는 정도
- 남성우월주의 : 남성과 여성의 역할 분담 및 적용, 남성과 여성이 서로를 대하는 태도의 차이(배려와 갈등)

이러한 문화 차이를 파악하는 것은 인종차별을 하거나 사람들을 일정

한 틀에 맞추는 것이 아니라 각자의 특징과 가치관을 존중하고 이를 업무 할당에 충분히 반영한다는 뜻이다.

카리스마 넘치는 리더십

어떤 사람들은 남다른 자신감, 영향력, 마음을 움직이는 매력과 부드러움을 발산하여 리더의 역할을 성공적으로 수행한다. 이런 리더는 주변 사람들로부터 존경과 칭찬을 받으며 충성스러운 지지를 받게 된다. 이런 사람을 가리켜 '카리스마'가 있다고 말한다.

율리우스 카이사르는 타고난 카리스마를 발휘하여 역사상 가장 뛰어난 군대를 이끌었으며 로마 공화국을 무너뜨려 역사의 새로운 전환점을 만들었다.

정치가이자 군 지휘관으로 활약한 카이사르는 인류 역사상 가장 주목할 만한 지도자로, 뛰어난 웅변술과 해박한 역사 지식을 갖춘 인물이었다. 또한 자신의 조상이 비너스 여신과 트로이 왕족 출신의 아이네이아스라고 믿었기에 어릴 때부터 두려움을 모르고 살았다.

젊은 시절엔 화술을 익히기 위해 멀리 여행을 떠났다가 해적들에게 납치된 적이 있었다. 그러나 카이사르는 조금도 두려워하거나 겁을 내지 않았으며 오히려 자신을 납치한 해적들을 대상으로 그동안 배운 화술을 연습하기까지 했다. 밤이면 시를 낭송했는데, 해적들이 잘 듣지 않으면 상대방의 얼굴 앞까지 가서 보란 듯이 목소리를 높이기도 했다. 게다가 자신은 워낙 거물급 인사라서 몸값을 훨씬 더 많이 요구해야 한다고 충고했으며, 언젠가 자신의 손으로 해적들을 남김없이 처형해 버리겠다는 말도 서슴지 않았다. 실제로 그는 해적들에게 풀려난 뒤에 즉시 군대를 모아서 자신을 납치한 해적들을 모조리 잡아 처형했다. 그들의 고통을 줄여주기 위하여 목을 베어 죽인 것은 그나마 자비를 보였던 것이다.

이윽고 로마에 돌아온 카이사르는 탁월한 웅변술을 앞세워 정치가로서 눈부신 활약을 펼쳤다. 그의 목표는 제1인자, 즉 로마 황제가 되는 것이었다. 어머니에게도 "황제가 되면 돌아오겠습니다. 되지 못하면 집에 돌아오지 않겠습니다."라는 말을 남겼다. 마침내 그는 황제의 자리에 올랐으며 로마 역사상 처음으로 삼두 정치를 펼쳐서 자신의 세력을 계속 강화했다. 삼두 정치를 빌미로 당시 로마에서 실권을 가진 폼페이우스, 크라수스와 동맹을 맺어 그들을 지지하는 원로의원들을 모두 자기편으로 만들었다. 이제 그가 로마를 쥐락펴락하는 것을 누구도 말릴 수 없었다.

로마를 장악한 후에는 자신의 영향력을 이용하여 갈리아 지방의 총독 자리를 얻어냈다. 이로써 그는 로마가 통치하는 지역 내에서 가장 큰 도시를 얻게 되었다.

율리우스 카이사르는 리더로서 남다른 카리스마를 드러냈다. 그는 갈리아에 인류 역사상 비교 대상을 찾아볼 수 없을 정도로 강력한 군대를 만들겠다고 선포했다. 카이사르의 활약을 연구해 보면, 현대 사회에서 기업의 리더가 갖추어야 할 특성이나 덕목을 다수 발견하게 된다. 그는 본받을 만한 본보기를 통해 리더십을 발휘했다. 실제로 군사 훈련을 실시할 때 '카이사르를 생포하라'는 명령을 내리고는 말에 올라타 몇 시간이고 달리면서 군인들이 자신을 뒤쫓게 만들었다. 전장에서도 항상 맨 앞에 나서서 몸소 지휘했고, 취약한 부분이 보이면 즉시 달려가서 지원하거나 격려했다. 그는 군 조직에 실적 위주의 보상 제도를 도입하여, 훌륭한 업적을 세운 사람을 승진시키고 포상금을 주었다. 포상금은 현금으로 지불했으며 이름을 공개하여 주변 사람들의 부러움을 받게 배려했다.

율리우스 카이사르는 갈리아를 손에 넣은 뒤에 비망록을 남겼는데 여기에 담긴 그의 비전은 지금도 많은 사람들에게 찬사를 받고 있다. 그는 라틴어에 조예가 깊었는데, 군대를 이끌고 원정을 다니면서도 시간을 내어 라틴어를 연구하여 라틴어 문법에 크게 기여했다. 정복욕도 어찌나 강했는지 로마 제국이 보기에는 상당히 특이하고 이해할 수 없는 나라였던 영국마저 잠깐이나마 침공했던 적이 있었다.

카이사르의 권력이 날로 커지자, 불안을 느낀 폼페이우스는 원로원과 결탁하여 그에게 도전장을 내밀었다. 하지만 카이사르의 탁월한 전략과 충성심과 조직력을 앞세운 그의 군대 덕분에 폼페이우스의 참패로 끝났다. 그 뒤, 카이사르의 시대가 시작되었고 55세에 암살될 때까지 새로운 역사가 펼쳐졌다. 율리우스 카이사르는 그야말로 뛰어난 카리스마를 발휘한 불세출의 리더로서 역사에 큰 자취를 남겼다.

> **힌트박스 : 카리스마 넘치는 리더십**
>
> ▶ **카리스마를 키울 수 있는 방법**
>
> - 자신의 비전에 대해 확신을 가진다.
> - 말할 때 강조하는 몸짓을 사용한다.
> - 목표와 가치관을 위해서는 기꺼이 희생하는 자세를 보인다.
> - 팀원 한 사람 한 사람을 존중하고 귀하게 여긴다.
> - 팀에 안정감을 부여하고 외부 사람들보다 팀이 더 우월하다는 확신을
>   갖게 해준다.

2부 : 팀 단위 리더십

리더에게 가장 중요한 역할 중에는 팀의 활동을 주도하고 업무효율성을 높이는 것도 있다. 브루스 투크먼(Bruce Tuckman), 태년바움(Tannenbaum), 슈미츠(Schmidt)를 비롯한 많은 학자들은 팀 단위로 활동할 때 반드시 거치는 단계가 있다고 말한다. 켄 블란차드(Ken Blanchard)는 이를 '상황적 리더십'이라고 명명했으며 브루스 투크먼은 '형성(Form), 갈등(Storm), 규범(Norm), 수행(Perform)'으로 정리했다. 표현은 다르지만 개념은 동일하다. 우리는 아래와 같이 인식(awakening), 갈등(antagonizing), 동화(assimilating), 성취(accomplishing)의 4단계로 구분할 것이다.

인식

팀이 처음 형성되면 팀원들은 서로를 알아가는 시간이 필요하다고 생각한다. 이 단계의 주요 특징은 다음과 같다.

- 인정받고 싶은 욕구
- 심각한 주제를 회피하려는 경향
- 서로에 대한 첫인상 형성
- 여전히 개인적으로 업무를 처리함

사람들은 팀의 리더가 적극적으로 나서서 방향을 제시하고 행동 지침이나 규칙을 정해야 한다고 생각한다. 이 단계에서는 질문도 많이 발생할 것을 예상해야 한다. 또한 리더는 팀원들에게 다음과 같은 점을 분명히 알려주어야 한다.

- 팀의 공통 목표를 모두에게 분명히 알린다.
- 각자에게 주어진 역할과 책임을 명확히 공지한다.
- 함께 일할 때 지켜야 할 규칙이나 예절, 삼가야 할 점을 정한다.

갈등

서로 다른 사람들이 만나서 팀을 이루면, 의견이나 가치관 등에서 충돌이 발생한다. 이 시기의 특징은 다음과 같다.

- 해결할 필요가 있는 점을 모두 정리하여 해결책을 찾아낸다.

- 서로의 생각과 견해를 들어보고 의심이나 반대 의견을 제시한다.
- 마음이 잘 맞는 소수의 사람들끼리 뭉치는 현상이 나타난다.
- 서로 관심을 끌거나 영향력을 행사하려고 한다.
- 팀의 분위기가 어수선하며, 서로 믿지 못하는 느낌이 강하다.

이 시기는 리더에게 결코 쉬운 기간이 아니다. 리더는 우선 팀원 전체를 대략적으로 파악하고 팀 전체의 목표에 초점을 맞추어야 한다. 또한, 팀원들끼리 지켜야 할 규칙이나 염두에 두어야 할 가치관 등을 강조할 수 있다. 이쯤에서 의사소통의 기술을 효과적으로 발휘하여 팀원들에게 건설적인 피드백을 제공하고, 서로 진솔하게 이야기하도록 유도해야 한다.

동화

이 단계가 되면 팀원들은 서로를 적극적으로 수용하고 이해하게 된다.
- 모두가 같은 목표를 향해 노력한다는 점을 인식한다.
- 서로 신뢰하며 존중한다.
- 자신의 아이디어를 양보하고 다른 사람의 의견을 수용, 지지하는 태도를 보인다.

리더는 팀이 하나로 뭉쳐서 같은 생각을 하고, 같은 방향으로 나아가게 만들어야 한다. 또한, 팀원 간의 신뢰를 증진시키고 성공적인 목표 달성을 위해 모두 협력하도록 유도한다.

성취

마지막 단계가 되면 드디어 팀의 노력이 구체적인 결실을 맺는다. 이 단계의 특징은 다음과 같다.

- 목표와 계획 등을 분명히 이해한다.
- 책임이 고르게 분배되며, 팀 전체가 목표 달성을 위해 협조한다.
- 마음을 열고 효과적으로 의사소통한다.
- 서로의 가치를 인정하고 존중한다.
- 자신감, 사기 증진 등 긍정적인 분위기가 형성된다.

여기에서 리더의 역할은 팀원을 격려하여 각자의 역량을 충분히 발휘하게 돕는 것이다. 이 단계가 되면 리더에 대한 배려와 존경심이 매우 높아진다. 리더는 팀의 성과를 칭찬하고 다른 것을 배우거나 더 성장할 수 있는 기회를 만들어 주던지 또는 도전적인 과제를 찾아 주어야 한다.

종합해 보면, 주어진 일만 완수한다고 해서 리더로서 역할을 다한 것이 아니다. 리더란 팀원들의 결속력을 강화하여 그들이 조화와 연합을 이루는 데 기여해야 한다. 팀원들은 여러 단계를 거쳐서 목표를 이룬다. 리더는 이러한 단계를 차근차근 통과하도록 이끌어주는 사람이다. 때로는 문제에 부딪혀 제자리걸음을 하거나 뒷걸음치는 상황도 생길 수 있다. 그때마다 리더는 각 상황에 맞는 리더십을 발휘해야 한다. 결국 팀 자체를 관리하는 데 시간과 노력을 많이 빼앗기지 않고, 목적을 효과적으로 이루는 팀을 만드는 사람이 곧 훌륭한 리더인 것이다.

사례 연구 ::
잭 웰치의 변환적 리더십

'21세기를 대표할 리더'라고 불리는 비즈니스계의 거물인 잭 웰치는 남다른 리더십 덕분에 미국뿐만 아니라 국제 비즈니스 세계에서 전설적인 인물로 알려졌다.

잭 웰치는 1981년에 제너럴 일렉트릭(General Electric)의 최연소 CEO 자리에 올랐다. 당시 그는 불과 마흔 넷이었다. 당시 그 회사는 수십 억 달러의 수익을 기록하는 초대형 기업이었으며 다양한 분야로 사업을 확장하고 있었다. 경영진은 매우 복잡한 구조로 이루어져 있었으므로 대대적인 개혁이 절실했다.

관료제를 거부하다

그는 CEO가 된 뒤로 대대적인 개혁을 시도했다. 그중 하나는 관료 제를 뿌리 뽑는 것이었다. 경영권을 손에 쥐자 그는 곧장 아홉 단계에

걸친 사내 계급 제도를 없애버렸다. GE와 같은 대기업이 그런 변화를 수용하기란 결코 쉬운 일이 아니었다. 하지만 시간이 흐르자 그러한 변화는 잭 웰치의 업적 중 가장 뛰어나다는 평을 얻게 된다.

그는 매년 각 계열사를 예고 없이 방문하여 수천 명에 달하는 직원들을 일일이 만나보았다. 그 결과, 전 직원들이 행동으로 실천하는 그를 본보기로 따르기 시작했다. 뿐만 아니라 잭 웰치는 쉬지 않고 각 계열사를 돌아다니면서 좋은 아이디어를 널리 퍼트리는 전도사 역할도 수행했다. 그는 조직 내의 의사소통은 직위의 고하를 막론하고 모두가 참여해야 한다고 생각했다. 그래서 GE는 골목 어귀에서 볼 수 있는 구멍가게와 같다는 비유를 자주 사용했다.

잭 웰치 덕분에 오늘날 피드백 모델이 큰 호응을 얻게 되었다. 이것은 모든 사람이 효율적으로 자신의 의견을 피력하는 의사소통 방식을 말한다. GE는 대규모 기업이지만 유달리 효과적인 의사소통 전략으로 분석가들이 깜짝 놀랄 정도의 유연성과 역동성을 자랑한다(잭 웰치가 GE를 지휘하는 기간 내내 GE는 두 자리 수의 성장률을 유지했다).

사람 위주의 경영

잭 웰치는 인재야말로 기업 경영의 핵심 능력이라고 생각했다. 그는 GE에 근무하는 동안 근무 시간의 절반 이상을 직원들과 함께 활동하는 데 투자했으며 임원들에게도 그렇게 하도록 강력히 권했다. 그가 크로톤빌(Crotonville)의 사내 교육 센터에 투자를 아끼지 않은 것도 놀랄 일이 아니다. 최고경영자답게 무려 3천 명이 넘는 임원들의 업무 평가에 직접 참여했으며, 그중에서도 핵심적인 역할을 하는 500명의 주요 임원들을 주의깊게 감독했다. 그는 역량 있는 관리자의 특성을 네 가지로 정리했다. 흥미롭게도 모두 알파벳 E로 시작하는 단어를 사용했기 때문에 '4E'라는 이름을 붙였다(경영 이론은 흔히 이런 식으로 이름을 붙인다).

- 에너지(Energy) : 문제가 생기거나 어떤 상황이 벌어졌을 때 능동적, 열정적으로 대처하는 능력
- 동기 부여(Energized) : 주변 사람들을 격려하거나 그들의 의욕을 고무시키는 능력
- 결단력(Edge) : 머뭇거리거나 망설이지 않고 과감하게 결정할 수 있는 능력
- 추진력(Execution) : 전략이나 계획을 실행에 옮겨서 의도한 결과를 이끌어내는 능력

상위 20%에 속하는 관리자들은 대부분 이러한 특성을 갖추고 있다. 기업은 바로 이런 인재를 찾아야 한다. 업무 실적이 좋은 사람을

발굴하는 것도 중요하지만 이와 같은 특성을 먼저 알고 있어야 차별화된 시각으로 훌륭한 관리자를 선별할 수 있다.

잭 웰치는 일찌감치 성과급제를 도입하여 다른 기업보다 한 걸음 앞서갔다. 그는 관리자 기본 월급의 70%에 달하는 보너스와 주식 등을 성과급으로 제시했다.

1,2등이 아니면 안 된다

잭 웰치의 경영 철학이자 전략은 GE가 무조건 1,2위가 되어야 한다는 것이었다. 3위 이하로 밀려나면 깨끗이 포기하거나 매각처분하는 것이 그의 지론이었다. 오늘날 다양한 분야에 관여하는 다국적 기업은 반드시 이러한 경영 전략을 실천한다. 알고 보면 이 또한 잭 웰치가 남다른 안목으로 개발하여 성공시킨 경영 전략인 것이다.

한때 경영 대학원에서 기업은 핵심 능력을 최대한 발휘하기 위해 몇몇 분야에만 모든 노력을 집중해야 한다고 가르친 적이 있었다. 경영 대학원 교수들은 모든 지식을 동원하고 관련 전문가의 도움을 받는 것이 좋다고 외쳤으나, 그때 이미 잭 웰치는 차별화 전략의 장점을 옹호하면서 실제로 다양한 분야에서 600개 이상의 기업을 인수했다. 인수/매각을 결정하는 요소는 대상 기업이 그 분야에서 주도적인 역할을 하느냐 마느냐가 관건이었다. 아직 그만한 수준에 이르지 못한 기업이라면 세 가지 방법 중 하나를 적용했다. GE의 기준에 맞게 그

기업을 발전시키거나, 매각하거나 아니면 아예 폐업하는 것이었다.

잭 웰치의 변환적 리더십이 대성공을 거둔 것은 누구도 부인할 수 없는 사실이다. 그는 20년간 재직하면서(그는 2001년에 퇴직했다) 전임 CEO 중에서 아무도 해내지 못한 발전을 이루었다. 120억 달러 규모에 불과했던 GE의 시장 자본은 그가 퇴직할 당시에 무려 3,600억 달러 이상으로 전 세계 1위를 기록했다.

✔ 요점 정리

제 10장에서는 팀원들을 효율적으로 관리하는 방법과 업무 성취도가 높은 팀을 만드는 방법을 알아보았다. 리더에게 중요한 일은 팀원에게 명령을 내리고 감독하는 것이 아니라, 그들에게 책임감과 주인 의식을 갖게 하는 것이다. 훌륭한 리더를 만나면 대부분의 사람들은 스스로가 업무에 최선을 다하고, 자신의 능력과 재능을 온전히 발휘하여 높은 업무 성취도를 달성한다. 잭 웰치의 사례를 살펴보면 사람 위주의 접근 방법이 비즈니스에서 훨씬 더 좋은 결과로 이어진다는 것을 알 수 있다. 이러한 리더십 전략이 제대로 적용되면 리더의 원래 목적도 자연스럽게 이루어질 것이다.

맺음말

::

자신을 판매하는 기술로 성공적인 미래를 준비하라

이 책은 경영 대학원에서 가르치는 최신 이론과 실제 사례 및 경험을 모두 종합하여 비즈니스맨으로 성공하는 비법을 10단계로 정리한 것이다. 자신감, 철저한 준비, 약속한 것 이상으로 해낼 것, 공감, 최선을 다하는 자세, (소셜 네트워크와 주요 대중매체 등을 포함한) 대중매체를 잘 관리하는 것, 훌륭한 리더가 되는 것은 동서고금을 막론하고 비즈니스에 성공하려면 반드시 갖추어야 할 특성이다.

그러나 기본적인 원리는 변하지 않아도 비즈니스 환경은 하루가 다르게 변화한다. 흔히, 맬컴 글래드웰이 말하는 '티핑 포인트' 또는 니콜라스 탈렙이 소개한 '블랙 스완' 현상이 발생한 직후에 큰 변화가 일어나기 마련이다.

이처럼 전혀 예상하거나 기대하지 못했던 사건들은 거대한 파도처럼 몰려와서 경제 판도를 크게 바꾸어 놓는다. 일례로 최근 인류의 역사는 인터넷의 등장으로 대대적인 변화를 겪고 있다.

변화의 시대

인터넷은 우리가 사는 세상을 크게 변화시켰다. 비즈니스 세계도 인터넷으로 인해 많은 변화를 겪고 있다. 출판업계와 같은 특정 분야는 이러한 변화를 가장 먼저 경험했으며 가장 근본적인 특성까지도 완전히 달라졌다. '탈중개화(disintermediation)' 현상의 대표적인 사례는 바로 신문, 잡지, 서적 등의 시장 점유율이 온라인 뉴스 사이트, 아이폰 애플리케이션, 전자도서로 대체된 것이다. 이에 출판업계는 디지털 기기를 통해 소비자들에게 다가서기 위해 새로운 노력을 기울이고 있다. 아마 몇년 뒤에는 다른 분야보다 출판업계가 디지털 혁명에 있어서 훨씬 앞서가는 모습을 보일 것이다.

우리 생활의 거의 모든 부문은 이제 인터넷과 떼려야 뗄 수 없는 관계가 되었다. 일례로 구글은 한 권의 책 속에서 관련성에 따라 정보가 나열되는 것에 착안하여 매우 효율적인 인터넷 검색 방식을 개발했다. 페이스북은 젊은층이 친구에게 관심이 많다는 사실을 활용하여 온라인 소셜 네트워크를 만들었다. 링크드인은 전문직 종사자들의 인맥을 온라인 사이트로 옮겨 놓았고, 그루폰(Groupon)은 할인 상품을 선호하는 소비자의 욕구를 공략하여 온라인 할인 쿠폰 커뮤니티를 만들었다. 이처럼 생활이나 비즈니스의 다양한 측면을 살펴보면 온라인 사업을 시도할 만한 좋은 기회를 찾을 수 있다. 당신도 장차 페이스북이나 구글과 같은 유명한 사이트의 창업자가 될 수 있다.

인터넷은 세계 경제에 유례를 찾아볼 수 없을 정도로 엄청난 패러다임의 변화를 일으켰다. 하지만 이것이 끝이라고 생각하면 안 된다. 곧 인도와 중국이 세계 강국으로 부상할 것이며 아시아가 세계 경제를 주도할 때가 멀지 않았다. 따라서 우리 모두는 이렇게 자문해야 한다. '앞으로 15년간 내가 중국에서 어떤 사업을 할 수 있을까?' 주변 환경이 어떻게 변하든 간에, 변화의 흐름을 거슬러 올라가는 것은 어리석은 짓이다. 성공은 흐름의 방향을 미리 예견하고 그 방향대로 나아가되 남들보다 앞서가는 사람의 몫이다. 이런 자세는 앞으로 성장 가능성이 높은 사업을 찾아내어 확장하는 데 큰 도움이 될 것이다.

　20세기 초반에는 중산층 대다수가 의사나 변호사와 같은 안정적인 직업을 선호했고, 노동자 계급은 공공 부문이나 중소기업에 취직하여 '생계를 유지'하는 데 만족했다. 둘 다 고용 안정이 가장 중요하다고 생각했던 것이다. 하지만 21세기에 와서는 고용 안정이라는 개념을 찾아볼 수 없다. 이제는 한 사람이 여러 직업을 갖는 일이 흔한 경우가 되었고, 세계 곳곳을 다니며 여러 개의 사업을 운영하는 사람들도 있다. 그러므로 이러한 변화 속에 살아남으려면 언제나 새로운 기술을 갈고 닦아야 한다. 21세기에 어울리는 비즈니스맨은 끊임없이 변하는 비즈니스 패러다임에 맞추어 항상 배우고 발전하는 사람이다.

　현대 사회가 요구하는 팔방미인이 되려면 여러 기업의 변화를 계속 관찰하고 주변 사람들의 이야기에 귀를 기울이며 최신 뉴스에 빠르게 대처하고 또한 성공을 거두는 기업의 비결까지 연구해야 한다. 그런 면에 있어서 이 책에서 배운 요령은 당신이 보다 현명하고 유능한 비즈니스맨으로 대처하는 데 큰 도움이 될 것이다. 우리도 계속 배우고 발전할 필요성을 절실히 느낀다. 그러므로 독자들의 경험과 생각, 피드백을 듣고자 한다. 언제라도 아래의 주소로 독자들이 연락해 주기 바란다.

　애덤 리코보니 : Adam@mbaanco.com
　대니엘 캘리건 : daniel@mbaandco.com

　이 책을 다 읽은 독자들이 기쁜 소식을 많이 전해주기 바란다. 여러분 모두가 성공적인 비즈니스맨으로 거듭나기를 기원하는 바이다.